Inseln und Halligen Nordfrieslands

Unserer Kollegin

Brigitte Kosin

mit den besten Wünschen für das neue Lebensjahr

M. Pahl

Volker Clasen

Dietmar Bonnmack

Gerlinde Hofrichter

Wulf Ligges/Klaus Viedebantt

Inseln und Halligen Nordfrieslands

Amrum · Föhr · Die Halligen · Nordstrand
Pellworm · Sylt

DuMont Buchverlag Köln

CIP-Kurztitelaufnahme der Deutschen Bibliothek

Ligges, Wulf:
Inseln und Halligen Nordfrieslands : Amrum, Föhr,
d. Halligen, Nordstrand, Pellworm, Sylt / Wulf
Ligges ; Klaus Viedebantt. – Köln : DuMont, 1985.
ISBN 3-7701-1776-X
NE: Viedebantt, Klaus:

Reproduktionen: ORZ, Offset-Repro-Zentrum, Düsseldorf
Satz und Druck: Rasch, Bramsche
Buchbinderische Verarbeitung: Hunke + Schröder, Iserlohn

Printed in Germany ISBN 3-7701-1776-X

Inhalt

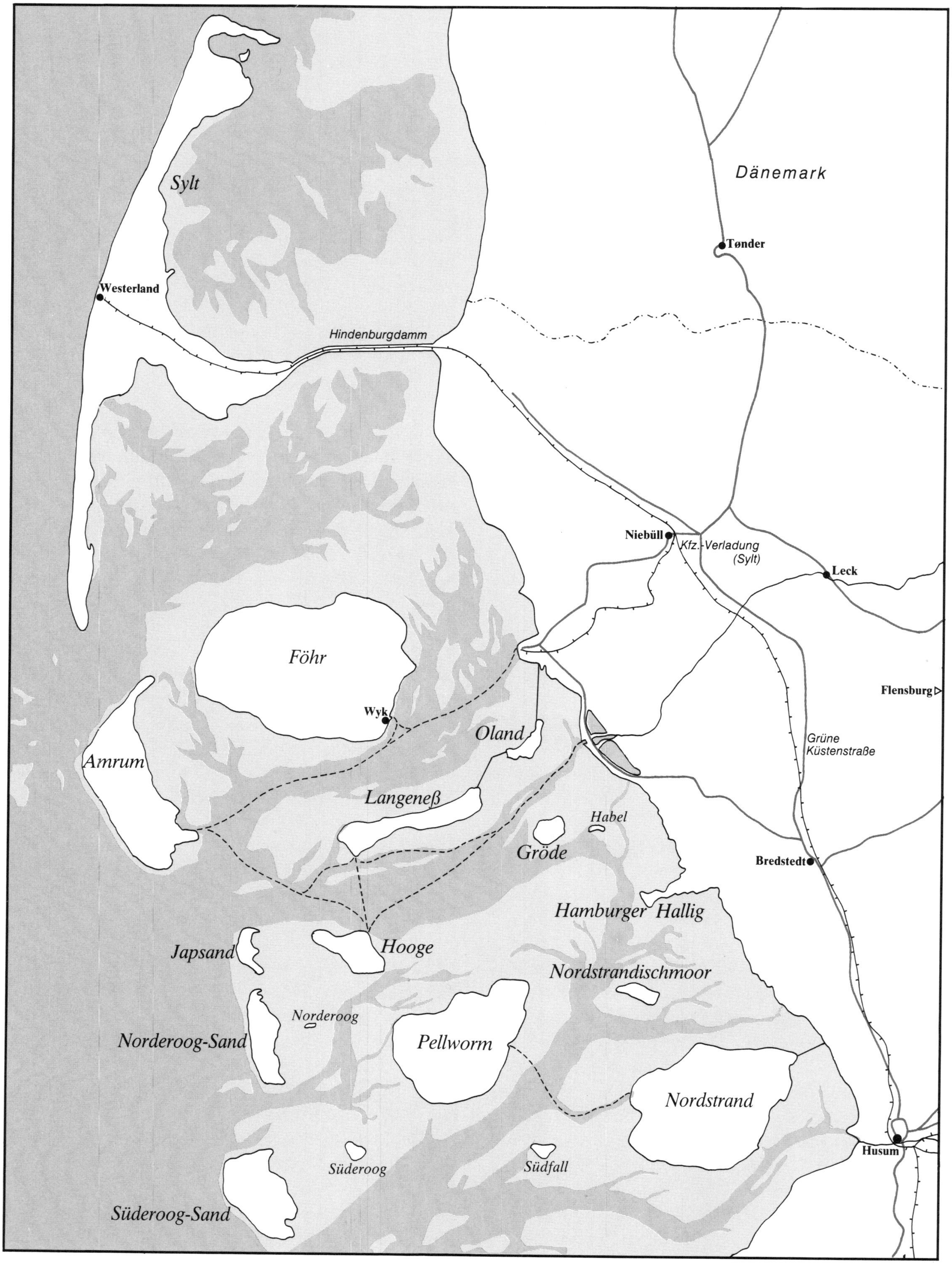
Sylt
Dänemark
Tønder
Westerland
Hindenburgdamm
Niebüll
Kfz.-Verladung
(Sylt)
Leck
Föhr
Wyk
Flensburg
Oland
Amrum
Grüne
Küstenstraße
Langeneß
Habel
Gröde
Bredstedt
Hamburger Hallig
Japsand
Hooge
Nordstrandischmoor
Norderoog
Norderoog-Sand
Pellworm
Nordstrand
Husum
Süderoog
Südfall
Süderoog-Sand

Inseln und Halligen Nordfrieslands

Die Schöpfung kennt keine Pause. Ohne Unterlaß wirkt sie an unserem Planeten, schleift Länder ab, schiebt Berge auf, läßt Meere wachsen und Flußbetten wandern – ein Werk, das sich über Generationen und Jahrtausende hinzieht. Dem beobachtenden Blick des Menschen bleibt dieses auf geschichtliche Maßstäbe abgestimmte Wirken in der Regel verborgen; wir leben nicht lange genug, um solche Veränderungen erkennen zu können.

Aber es gibt eine Landschaft auf der Erde, in der man der Schöpfung bei ihrer Alltagsarbeit zusehen kann, zweimal täglich sogar: das Wattenmeer zwischen Sylt und der Halbinsel Eiderstedt – die Welt der nordfriesischen Inseln und Halligen.

Nordfrieslands Küste ist eine ›geologische Amphibie‹, nicht mehr richtig Land und noch nicht richtig See. Dieses Naturwunder bildet gemeinsam mit dem Wattenmeer vor Dithmarschen und vor dem ostfriesischen Meeressaum Deutschlands größten Nationalpark. Ein Nationalpark – auch das ist ein Unikum –, dessen größter Teil binnen 25 Stunden zweimal unter Wasser steht und ebensooft wieder ›trockenfällt‹. Aber selbst in diesem auf der Welt einzigartigen »Nationalpark Wattenmeer« hat Nordfriesland noch eine Besonderheit vorzuweisen: die Halligen, Eilande, die mehrmals jährlich von hohen Fluten überschwemmt werden und dennoch ständig bewohnt sind.

Es ist schon ein verwirrendes geographisches Puzzle, das in diesem rund 2100 Quadratkilometer großen Archipel zusammengesetzt wurde. Da sind einmal die Inseln, die auch bei hoher Flut aus dem Meer ragen. Sie bringen es zusammen auf rund 288 Quadratkilometer. Dann sind da die Halligen, die bei normaler Fluthöhe nichts zu befürchten haben, die aber bei Sturmflut von der Nordsee überflutet sind. Sie bringen es zusammen auf etwas mehr als 20 Quadratkilometer. Der Löwenanteil bleibt also für das Watt, das von dreierlei geprägt wird: von reißenden Meeresarmen, ›Strömen‹ oder ›Tiefen‹ genannt, von Sandbänken, die bei Ebbe meist trokkenfallen und zu Ruhebänken für die Seehunde werden, und schließlich von Schlickflächen, unter deren matschigem, scheinbar totem Glanz sich mehr Leben regt als unter jedem anderen Quadratkilometer Boden in Deutschland.

Die Inseln, die den Stürmen ›trockenen Fußes‹ trotzen, sind von unterschiedlicher Bauart, sozusagen von hoher und von niederer Herkunft. Niederen Standes sind Pellworm und Nordstrand, entstanden aus einem großen Marschland-Terrain, das heute noch tiefer liegt als das Hochwasserniveau der Nordsee. Deshalb muß dieses fruchtbare feuchte Schwemmland auch mit Deichen gesichert werden. Sylt, Föhr und Amrum sind hingegen Geest-Inseln, aus höheren, trockenen Ablagerungen der Eiszeit gebildet. Ihnen drohen (abgesehen von den angeschwemmten und mittlerweile deichgeschützten Marschflächen) keine Überschwemmungen, sie müssen aber befürchten, unterspült zu werden. Das gilt besonders für Sylt, dessen Westküste unter der stetig anbrandenden Flut Jahr für Jahr weiter abbrökkelt. Allen Versuchen von Menschenhand, diese verzehrenden Wassermassen von der ›Abbruchkante‹ fernzuhalten, war bisher nur ein geringer Erfolg zuteil. Sylt, die größte der nordfriesischen Inseln, ist nach jedem Winter ein wenig kleiner. Holzgestecke, Beton-Bollwerke (›Verfelsungen‹) und riesige Sandvorspülungen kosten jährlich Millionen Mark, können aber den Abbau Sylts an der Seekante kaum eindämmen. Künstliches Seegras, ›Bio-Teppiche‹ aus Tang und Muscheln, artifizielle Riffs zählen zu den Rettungsvorschlägen für Sylt – wer Rettendes anzubieten hat, darf sich einiger Schlagzeilen sicher sein. Sylt ist schließlich ›die Insel‹, der Deutschen beliebtestes Ferieneiland. Somit gehört die Frage, ob, wann und warum Sylt untergehe, zu den populärsten Party-Themen im Lande. Neue Erkenntnisse und Vermutungen geben dem Sujet immer wieder Nahrung, beispielsweise die alljährliche Frühlingsbilanz, mit der nachgerechnet wird, wieviele Zentimeter oder Meter vom teuersten deutschen Urlaubsboden wieder ein Raub der See wurden.

Das benachbarte Amrum liegt zwar ähnlich exponiert wie Sylt am vorderen Saum des Watts, ist aber von der See weitaus weniger bedroht und in geringerem Maße von öffentlichem Interesse umwogt. Amrums Geest- und Dünenrücken wird von dem – bis zu 1500 Meter breiten – Kniepsand gegen die Gewalt des Meeres abgeschirmt. Nicht immer hat die kleinste der Nordfrieseninseln so sorglos der Brandung trotzen können, denn einst stand die Bank des Kniepsands im rechten Winkel zur Insel und gab die Küste schutzlos den Fluten preis. Aber im Lauf der Jahrhunderte drehte sich die mächtige Sandbank und legte sich wie ein weißer Kragen um Amrum. Der Sand bescherte den Amrumern nicht nur einen beneidenswert riesigen Strand, sondern auch stetigen Nachschub für die Dünen. Deren Entstehung hat, der Sage zufolge, allerdings einen anderen Grund: Vor langer Zeit, es mag acht Jahrhunderte her sein, fanden die Amrumer eines Tages zwischen Heide, Moor und Meer einen leblosen, schon von Algen überwucherten Mann. Nach guter Christenart versenkten sie den angeschwemmten Leichnam im Inselfriedhof. Doch die gute Tat ward nicht belohnt, im Gegenteil. Seit jenem Begräbnis stürmte und zürnte die See; tonnenweise schleuderte sie unfruchtbaren Sand auf die ohnehin karge Erde, und der Wind türmte die erntenverderbende Fracht zu hohen Hügeln, ließ die Berge immer weiter ins Landesinnere wandern, über die Weiden und Felder, auf die Dörfer zu. In ihrer ratlosen Not fragten die Amrumer einen Greis, dem raunend wundersame Fähigkeiten nachgesagt wurden. Der Alte hatte einen Rat parat: »Grabt den Namenlosen aus, er wird ein Nöck, ein Wassergeist, sein. Der Ozean will ihn zurück. Gebt dem Ozean, was ihm gebührt.« Die Insulaner taten wie geheißen und hatten allen Grund, dem Greis zu danken, denn fortan hatte das Stürmen ein Ende, und die wandernden Sandberge verharrten vor den Dörfern. So kam Amrum zu seinen Dünen, die immer noch gerne über die Insel wandern würden, die nun aber von den Inselbauern durch Anpflanzungen gezähmt und in ihrem Bewegungsdrang gehindert werden können.

Mit Dünen kann das große rundliche Föhr zwar nicht aufwarten, aber ansonsten hat es sich immer recht gut getan im Schutz von Sylt und Amrum, insbesondere, seit sich Sylt mit seinen zwei sandigen Armen immer weiter nach Nord und Süd ausstreckte und sich wie ein Wellenbrecher in die Rinne des Hörnumtiefs, des Meeresstroms zwischen Sylt und Amrum, schob. Von den wüstesten Attacken des Meeres blieb Föhr somit verschont, verzichten mußte es dafür auf die dramatischen Landschaftsakzente, die ein Dünengebirge setzt. Föhr, das etwas kleiner ist als Sylt, entbehrt auch dessen sommerlichen Schickeria-Rummels – was zeigt, daß Moden und Vorlieben bisweilen kurzlebig sind. Die heutige Familieninsel Föhr war nämlich einst das Reiseziel der Reichen und Mächtigen, zu einer Zeit, da Fremde auf Sylt noch bestaunte Exoten waren. Nach Föhr reiste sommers die königliche Familie Dänemarks, mit großem Hofstaat und entsprechendem Troß. Für einige Wochen zählte das Städtchen Wyk dann zu den Zentren Europas, ein Erbe des 19. Jahrhunderts, das Föhr zwar bewahrt, aber nie so recht kapitalisiert hat. Ruhesuchende Badegäste wissen das zu schätzen. Föhr wird zwar zu Recht den Geest-Inseln zugezählt, hat aber auch große angeschwemmte Marschgebiete. Alle anderen Inseln und Halligen sind aus Marschland geformt – fragile Gebilde, die Überbleibsel großer, von Sturmfluten zerschlagener Ländereien sind. Nordstrand und Pellworm, beide von massigen Deichen nahtlos umkränzt, lassen noch etwas erahnen von den einstigen *Uthlanden,* einem Landblock, der zwar von Wasserrinnen, Prielen und Strömen filigran durchzogen war, aber das Reich der Inseln und Halligen doch noch als eine geschlossene Einheit erhielt.

Die *Uthlande* und ihre Besiedelung

Die Uthlande entstanden in der Eiszeit, die vor rund 600000 Jahren begann und vor etwa 12000 Jahren endete. In dieser von mehreren Eiszeit-Epochen unterteilten Periode reichte die Decke des skandinavischen Inlandeises zeitweise an die deutschen Mittelgebirge heran. Der bis zu zwei Kilometer dicke Eispanzer schob gewaltige Erdmassen vor sich her oder hinterließ sie, wenn das Eis zurückwich. Aus diesen Moränen bildeten sich die Geestkerne, die heute aus der flachen norddeutschen Landschaft ragen.

Als das Eis aus dem Gebiet der Nordsee verschwunden war, aber noch turmhoch über Skandinavien lastete, war wegen des vielen im Eis gebundenen Wassers der Meeresspiegel auf der Erde um rund 100 Meter niedriger als heute. Das relativ flache Nordseebecken lag bis zur Doggerbank trocken, es füllte sich nur allmählich, da die immensen Gletscher Hunderte von Jahren brauchten, um abzutauen. Als die Nordsee wieder aufgefüllt war, reichte das Festland aber noch viel weiter nach Westen als heutzutage. Die gegenwärtige Westküste von Sylt war seinerzeit noch einige Kilometer tief im Landesinneren. Das wird selbst auf Karten aus dem 12. Jahrhundert noch deutlich. Aber auf diesen und auf anderen alten Karten ist schon zu sehen, wie sich das Meer allmählich seinen Weg in das Land hinein frißt.

Dieser Prozeß nahm, so schätzen die Erdgeschichtler, seinen Anfang um 3000 vor Christi Geburt, als die Nordsee begann, wegen der Tauwassermengen ›überzulaufen‹. Weltweit war der Meeresspiegel um 100 Meter gestiegen, die Nordseewellen treckten nicht mehr nur an den Strand, sondern darüber hinaus ins Hinterland. Die Flut griff aber nicht nur die Geeständer an und grub Gezeitenströme ins Land, sie schleppte auch mit jeder Tide tonnenweise Schlick in die Ebene: die Marsch entstand. Es bildeten sich Sümpfe, Moore, Weiden und sogar Waldgebiete. Sicherlich gab es einladendere Regionen im wilden Germanien, aber es ließ sich hier leben, denn Wild und Fisch lieferten Nahrung. Unsere Steinzeit-Vorfahren waren wohl die ersten Bewohner dieses Landes, mutmaßlich herumstreifende Jagd- und Sammelvölker, aber auch allmählich seßhaft werdende Bauernstämme. Zeugnisse ihrer Anwesenheit hinterließen sie vornehmlich in Grabhügeln; über tausend Totenstätten sind auf den drei nordfriesischen Geestinseln gefunden worden, mehr als in jedem anderen deutschen Gebiet dieser Größe. In der Bronzezeit muß die nordfriesische Küste sogar recht dicht besiedelt gewesen sein, wie man den archäologischen Spuren entnehmen kann.

Aber noch vor Christi Geburt sind die meisten dieser germanischen Sippen weitergewandert, sei es wegen großer Flutschäden infolge einer Landsenkung, sei es wegen einer Klimaveränderung, die das Jagdgetier vertrieb. Die Zurückgebliebenen werden wohl so ähnlich gelebt haben, wie es der Römer Plinius der Ältere (23–79 n. Chr.) von den Chauken schilderte, von einem germanischen Volksstamm, der das Küstengebiet zwischen Ems und Elbe bewohnte: »Hier überflutet das Meer einen unübersehbaren Landstrich zweimal während eines Tages und einer Nacht mit mächtigem Strom, so daß es den immerwährenden Kampf der beiden Elemente verbirgt und offen läßt, ob dieses Gebiet dem festen Land oder der See zugehört. Hier wohnt ein armes Volk auf Hügeln oder auf Anhöhen, die künstlich und gemessen nach den höchsten Fluten aufgeschüttet sind. Auf diesen haben sie Hütten errichtet, in denen sie Seefahrern gleichen, wenn die Flut ringsherum alles mit Wasser überspült, und Schiffbrüchigen, wenn die See wieder abgelaufen ist. Dann machen sie Jagd auf die zurückweichenden Fische rings um ihre Hütten. Sie können sich kein Vieh halten und somit auch nicht von der Milch leben wie ihre Nachbarn ... Mit den Händen graben sie Torfschollen aus der Erde, die sie vornehmlich in der Luft und selten in der Sonne trocknen; mit dem Torf kochen sie ihr Mahl und wärmen ihre im Nordwind verfrorenen Körper auf. Zum Trinken haben sie nur das Regenwasser, das sie in einer Grube im Vorderhaus sammeln.« Plinius zeichnet ein Bild, wie es Halligbesuchern aus der Vorkriegszeit vermutlich noch vertraut ist. Dort waren die Verhältnisse ähnlich, bevor Wasserleitungen und Stromkabel für Abhilfe sorgten; an Milch fehlte es den Halligbauern in der Regel allerdings nicht, weil sie Vieh hielten, im Sommer oft sogar ›Pensionsvieh‹ vom Festland. Bei Sturmfluten wurde das Vieh auf die Warft getrieben. Das Vieh sorgte auch für den Brennstoff, denn die Kuhfladen wurden eingesammelt, getrocknet, geschnitten und als Feuerung verwendet. Dieser Brennstoff, *Ditten* genannt, war so wichtig, weil während der friesischen Salzgewinnung die Torfvorräte weitgehend abgebaut worden waren.

Die Friesen sind erst rund tausend Jahre nach der Zeitenwende in das Schwemmland an der cimbrischen Halbinsel eingewandert. Sie waren mit einer derartigen Landschaft von den Niederlanden her vertraut. Sie wußten, wie man einfache Deiche baut, Feuchtgebiete entwässert, stabile Wohnhügel *(Warften)* aufschichtet und Häuser zimmert, die auch einer über die Warft schlagenden Sturmflut trotzen können: Häuser in Ständerbauweise, bei der tragende Pfosten tief ins Erdreich gesenkt werden. Diese Pfosten stützten das Dach und die oberen Geschosse; sollte also eine Sturmflut gar die Hauswände zwischen den Pfosten eindrücken, könnte die Flut doch zwischen den Ständern durchgurgeln, ohne die schützenden Obergeschosse mitzureißen.

Erstmals griffen nun Menschen hier in die Arbeit der Natur und ihrer Elemente ein. Es entstanden Viehweiden und Äcker, die Friesen fanden überdies ein gutes Auskommen in der Salzherstellung, denn unter der Schlickschicht fand sich ein in Jahrtausenden von Salzwasser durchtränkter Torf. Dieser Torf wurde abgetragen, getrocknet und verbrannt, aus der Asche wurde das Salz gewonnen. Salz war in jener Zeit das wichtigste Konservierungsmittel und stand hoch im Preis. Deshalb wurde eifrig Salztorf abgegraben, ein glänzendes Geschäft, bis die Salzsiederei in der Lüneburger Heide begann, wo ein qualitativ besseres Salz produziert wurde. Das bittere Nordfriesland-Salz war nun kaum noch gefragt.

Aufstieg und Untergang von Rungholt

Das Salz hat den Uthlanden gleichermaßen Wohlstand und große Not gebracht. Ein Teil des sagenhaften Reichtums, den man der Stadt Rungholt nachsagt, war gewiß dem Salzhandel zu verdanken.

Rungholt war im 11. und 12. Jahrhundert mutmaßlich der bedeutendste Ort Nordfrieslands, ein Hafen am Heverstrom, günstig gelegen auf der festlandsnahen Insel Strand, die bisweilen auch Nordstrand genannt wurde. Rungholt trieb regen Handel mit den Nordsee-Nachbarn, wahrscheinlich bediente es sogar Seewege um Jütland herum in die Ostsee und um Spanien herum bis ins Mittelmeer. Der Handel, die ertragreiche Landwirtschaft auf dem fruchtbaren Marschboden und die Salzherstellung sorgten für pralle Börsen in Rungholt und auf Strand.

Aber inzwischen hatten sich die Friesen im wahrsten Sinne des Wortes den Boden abgegraben, auf dem sie saßen. Durch das Trockenlegen der Weide- und Ackerflächen wie auch durch die Salztorfentnahme sank das Schwemmland tiefer – eine wohlfeile Beute für die anbrandende Nordsee, falls die Deiche nicht standhielten. Das Unheil geschah am Marcellus-Tag 1362, dem 16. Januar. Sturm und Flut paarten sich zu einem gewaltigen Hochwasser, zur *grote Mandränke*, die an der gesamten friesischen Küste vernichtende Schäden hinterließ. Die Uthlande wurden aber besonders schwer getroffen. Die Sturmflut stieg über alle Deiche und riß sie nieder, unvorstellbare Wassermassen drängten in das tiefe trockene Land. Von 200000 Menschenopfern, eine unvorstellbar große Zahl zu jener Zeit, sprechen die Chronisten: »Um Mitternacht, da ging die allergrößte Mandränke, da ertrank das meiste Volk aus den Uthlanden.«

Auf Sylt wurden der friesische Westhafen Alt-Wenningstedt und Alt-List weggespült; zwischen Sylt und der Halbinsel Eiderstedt pflügte das Meer gewaltige Schneisen in das zuvor noch weitgehend zusammenhängende Land, fräste sich Strömungstiefen bis an den Geestrand des Festlands, ebnete neue Wattflächen ein und hinterließ die Halligen wie Mahnmale seiner Macht. Der Block der Insel Strand wurde hakenförmig ausgenagt – und Rungholt völlig von der Nordsee verschlungen.

Solch ein Unglück, da war man sich in jenen Tagen einig, konnte nur die Strafe des Herren für ein lasterhaftes, nicht gottgefälliges Tun sein. Schließlich war es ja auch das reiche, protzige Rungholt, das in dieser neuen Sintflut untergegangen war, so wie es stand, mit prallgefüllten Scheuern, mit Höfen und Kirche. Senkrecht soll es hinabgefahren sein in die Tiefe und dort noch stehen wie einst, ein nordisches Atlantis. Schnell bildete sich eine Sage um den Untergang Rungholts, den gotteslästerlichen Flekken am Meer: Betrunkene Bauern riefen des Nachts den Priester zu einem Sterbenskranken, der des letzten Sakraments bedurfte. Als der Gottesmann mit seiner Sakramentenbüchse beim Gasthaus eintraf, fand er ein Schwein auf dem Lager des angeblich Todkranken. Mit aller Gewalt widersetzte er sich dem Willen der Trunkenbolde, dem Tier das Sakrament zu spenden, sie verprügelten ihn daraufhin, entrissen ihm das heilige Behältnis und gossen Bier hinein. Der zornbebende Priester ging heim zu seinem Gotteshaus und bat den Herrn, diese Frevler zu strafen. In der folgenden Nacht wurde er gewarnt, die Rache des Herrn sei nahe und er solle mit einigen Gläubigen das Land verlassen. Mit zwei treuen Mägden und drei Jungfrauen verließ er Strand, ehe das Zerstörungswerk begann. Noch heute, so geht die Sage, höre man bisweilen die Glocken von Rungholt erbarmungswürdig aus der Tiefe heraufbimmeln, und eines Tages soll diese Stadt wieder auferstehen.

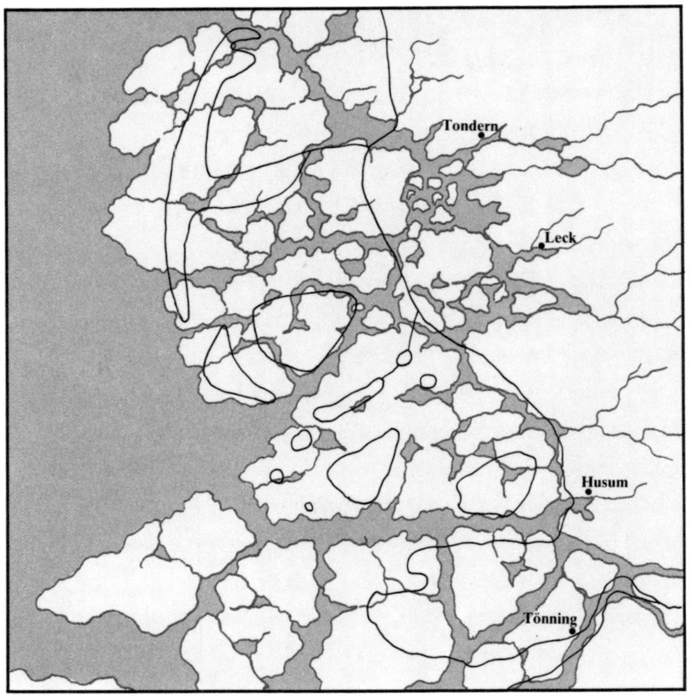

Nordfriesland vor der Sturmflut von 1362

An einem verhangenen Tag kann man tatsächlich das ›Glöcklein von Rungholt‹ hören, wenn man im Seegebiet zwischen Nordstrand und Pellworm unterwegs ist. Natürlich ist es nur eine Glockenboje, deren Gebimmel von irgendwoher herbeigeweht wird. Aber in dieser Stimmung versteht man, wie »Trutz, Blanke Hans« entstand, das berühmteste Gedicht des Freiherrn Detlef von Liliencron, das er 1882 während seiner Amtsperiode als Landesvogt auf Pellworm verfaßte.

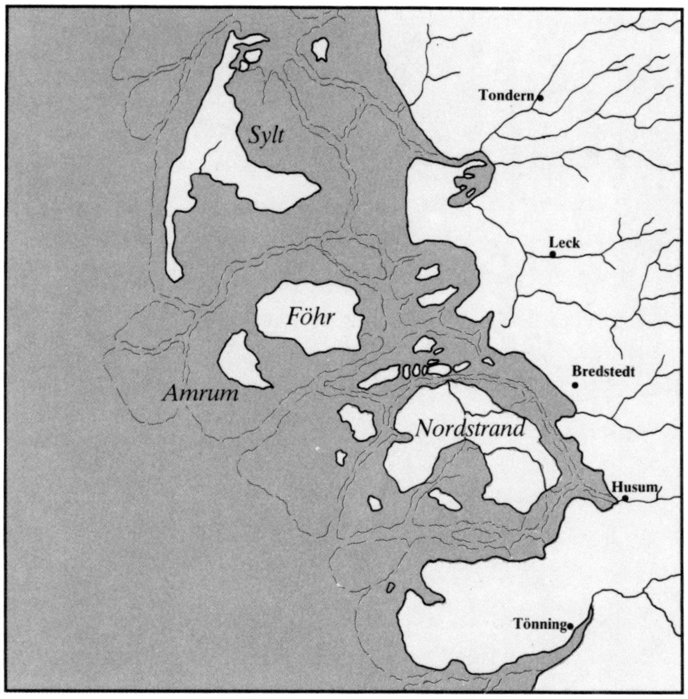

Nordfriesland vor der Sturmflut von 1634

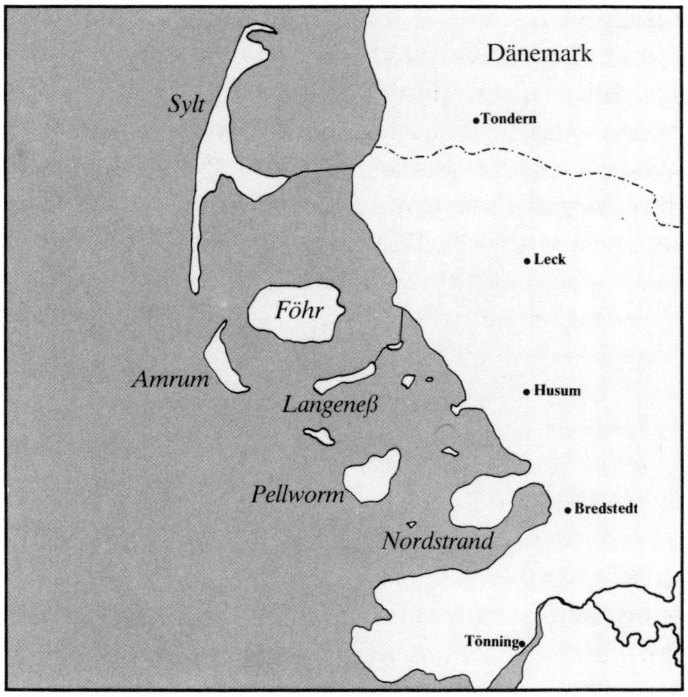

Nordfriesland heute

Trutz, Blanke Hans.

Heut bin ich über Rungholt gefahren,
Die Stadt ging unter vor sechshundert Jahren.
Noch schlagen die Wellen da wild und empört,
Wie damals, als sie die Marschen zerstört.
Die Maschine des Dampfers schütterte, stöhnte,
Aus den Wassern rief es unheimlich und höhnte:
Trutz, Blanke Hans.

Von der Nordsee, der Mordsee, vom Festland geschieden
Liegen die friesischen Inseln im Frieden.
Und Zeugen weltenvernichtender Wut,
Taucht Hallig auf Hallig aus fliehender Flut.
Die Möwe zankt schon auf wachsenden Watten,
Der Seehund sonnt sich auf sandigen Platten.
Trutz, Blanke Hans.

Mitten im Ozean schläft bis zur Stunde
Ein Ungeheuer, tief auf dem Grunde.
Sein Haupt ruht dicht vor Englands Strand,
Die Schwanzflosse spielt bei Brasiliens Sand.
Und zieht, sechs Stunden, den Atem nach innen
Und treibt ihn, sechs Stunden, wieder von hinnen.
Trutz, Blanke Hans.

Doch einmal in jedem Jahrhundert entlassen
Die Kiemen gewaltige Wassermassen.
Dann holt das Untier tiefer Atem ein,
Und peitscht die Wellen und schläft wieder ein.
Viel tausend Menschen im Nordland ertrinken,
Viel reiche Länder und Städte versinken.
Trutz, Blanke Hans.

Rungholt ist reich und wird immer reicher,
Kein Korn mehr faßt selbst der größeste Speicher.
Wie zur Blütezeit im alten Rom,
Staut hier täglich der Menschenstrom.
Die Sänften tragen Syrer und Mohren,
Mit Goldblech und Flitter in Nasen und Ohren.
Trutz, Blanke Hans.

Auf allen Märkten, auf allen Gassen
Lärmende Leute, betrunkene Massen.
Sie ziehn am Abend hinaus auf den Deich:
Wir trotzen dir, Blanker Hans, Nordseeteich!
Und wie sie drohend die Fäuste ballen,
Zieht leis aus dem Schlamm der Krake die Krallen.
Trutz, Blanke Hans.

Die Wasser ebben, die Vögel ruhen,
Der liebe Gott geht auf leisesten Schuhen.
Der Mond zieht am Himmel gelassen die Bahn,
Belächelt der protzigen Rungholter Wahn.
Von Brasilien glänzt bis zu Norwegs Riffen
Das Meer wie schlafender Stahl, der geschliffen.
Trutz, Blanke Hans.

Und überall Friede, im Meer, in den Landen.
Plötzlich wie Ruf eines Raubtiers in Banden:
Das Scheusal wälzte sich, atmete tief,
Und schloß die Augen wieder und schlief.
Und rauschende, schwarze, langmähnige Wogen
Kommen wie rasende Rosse geflogen.
Trutz, Blanke Hans.

Ein einziger Schrei – die Stadt ist versunken,
Und Hunderttausende sind ertrunken.
Wo gestern noch Lärm und lustiger Tisch,
Schwamm andern Tags der stumme Fisch.
Heut bin ich über Rungholt gefahren,
Die Stadt ging unter vor sechshundert Jahren.
Trutz, Blanke Hans?

Rungholt ist – fast wie in der Sage prophezeit – wieder auferstanden aus den Fluten, teilweise wenigstens. Aber vermutlich wäre das niemandem aufgefallen, wenn es nicht den Bauern Andreas Busch gegeben hätte. Der Sohn eines Müllers, 1883 auf der Insel Nordstrand geboren, lief bei Ebbe öfter einmal zur Hallig Südfall hinüber. Er wußte, in diesem Wattgebiet mußten die Reste des friesischen Atlantis irgendwo liegen. Aber erst am 16. Mai 1921, als eine Ebbe mit starker Sogwirkung wieder einmal eine ordentliche Lage Schlick abgetragen hatte, entdeckte er bei Südfall merkwürdige Holzstümpfe, die aus dem Morast ragten. Für den Landmann gab es kaum Zweifel: Er hatte das alte Rungholt gefunden! Die Holzpflöcke waren Überreste einer mehr als 600 Jahre alten Schleuse und ringsum fanden sich zahlreiche weitere Spuren der Siedlung. Andreas Busch widmete fortan all seine freie Zeit der Erforschung dieser untergegangenen Stadt, eine Arbeit, die immer nur für wenige Ebbestunden möglich war. Danach schwappte das Meer wieder über alle Grabungen hinweg.

Dennoch gelang dem Bauern in den folgenden 50 Jahren eine eindrucksvolle wissenschaftliche Leistung, die sich in einer Vielzahl von Veröffentlichungen niederschlug. Daß die Universität Kiel ihn 1963, zu seinem 80. Geburtstag, mit der Universitätsmedaille ehrte, hatte er wahrlich verdient.

Mit neuen Funden ist in nächster Zeit nur in geringem Umfang zu rechnen, da die Wissenschaftler weitere Überbleibsel Rungholts unter der (später entstandenen) Hallig Südfall und ihrem Vorland vermuten. Dieses Gebiet wird aber jetzt, da die Hallig eine Uferbefestigung bekommen hat, nicht mehr im bisherigen Umfang abgetragen vom Blanken Hans.

Deichbau und Deichpflege

Trutz, Blanke Hans – dieser respektvolle Trotz gegenüber der Nordsee kennzeichnet wie kein anderer Satz die Situation und das Naturell der Nordfriesen. Mochten Könige, Herzöge, fremde Mächte oder, in unseren Tagen, sogar demokratisch gewählte Regierungen ihre Widersacher sein, ihr wahrer Gegner war allezeit die See. Ihr galt es zu widerstehen. Gegen die Fluten haben diese einzelgängerisch veranlagten Menschen stets zusammengestanden. Doch das mußten sie auch, denn Deichbau und Deichpflege waren trotz klar abgegrenzter individueller Besitzansprüche immer eine Gemeinschaftsaufgabe, weil die Gemeinschaft den Besitz des einzelnen nur anerkannte, wenn er seiner Verpflichtung zum Deichschutz nachkam. Der Anteil des einzelnen am Deich wurde nach seinem Landbesitz im eingedeichten Gebiet, im Koog, bemessen; diesbezüglich war jeder gleich, ob Bauer oder Adliger, auch die Kirche mußte ihre Deichstrecken anteilig zu ihren Ländereien versorgen. Von der Obrigkeit ernannte ›Deichrichter‹ sorgten bei Streitigkeiten für Ausgleich. Ihre Obliegenheit war es auch, ihren Spaten in einen trotz Ermahnungen und Auflagen schlecht gepflegten Deich zu rammen. Mit dieser symbolischen Handlung war dem nachlässigen Deichanlieger sein Land genommen. Grundlage dieser Entscheidung war der im Küstenland gesetzesgleiche (und 1557 auch schriftlich festgelegte) Satz: »Wer nicht will deichen, der muß weichen!«

Die Deichpflicht ging oft über die finanziellen Möglichkeiten der Ortsansässigen hinaus, besonders nach der verheerenden Flut von 1362. Weite Landflächen mußten damals ›ausgedeicht‹, d. h. aufgegeben werden. Die Nordsee konnte sich daraufhin auch ohne Katastrophenfluten im Lauf der folgenden Jahrhunderte immer weiter in Richtung Osten vorarbeiten. Die Küstenlinie lag viel tiefer im Inland als heute, etwa bei Tondern und Leck. Die heutige Halbinsel Eiderstedt war damals eine Ansammlung von Inseln. Auf Eiderstedt entstanden auch die ersten großen Köge, noch vor der *Mandränke*. Ansonsten waren die Küsten und Inseln nur mit unzulänglichen, niedrigen Wällen gesichert, was sich dann 1634 bitter rächte.

Erst im folgenden Jahrhundert begann, vor allem an der Festlandsküste, eine planmäßige Eindeichung, die – bis in unsere Tage hinein – die Landgebiete weit gen Westen vorschob. Die heutige Westküste Schleswig-Holsteins ist über ihre ganze Länge hinweg ein wahrer Fleckenteppich an Kögen. Wichtig war allerdings nicht nur die Zahl und die Staffelung der Deiche, sondern auch deren Konstruktion. Bei der Bauweise richtete sich das Interesse verständlicherweise zuerst auf die Höhe der Deichkrone, die allmählich auf die heute üblichen 7,20 bis 7,50 Meter wuchs. Neue Forschungen, die ein überraschend schnelles Ansteigen des Nordsee-Wasserspiegels ergaben, lassen die bisherigen Berechnungen aber in wenigen Jahren vielleicht bereits ungültig werden: Wenn die Nordsee weiterhin so anschwillt, müssen die Deiche etwa 8,00 bis 8,80 Meter hoch werden. Wichtiger aber noch als die Erhöhung der Deiche war die Veränderung ihrer Querschnitte, ihrer ›Profile‹. Die ersten Deiche hatten immer eine sehr steile Fläche zur Seeseite, was den anschmetternden Wogen eine besonders gute Angriffsfläche bot.

Anfang des 17. Jahrhunderts führte der aus den Niederlanden eingewanderte Johann Clausen Koth ein zur See hin flacheres Deichprofil ein. Koth, dem als Generaldeichgraf alle Seebefestigungen des Herzogtums unterstanden, erfand quasi nebenbei und zur Erleichterung der Arbeiten am Deich die Schubkarre, das brachte ihm den ehrenden Beinamen ›Rollwagen‹. Aber es sollte noch lange dauern, bis sich sanft geneigte, langgestreckte Bollwerke, an denen die Wellen ausrollen können, entlang der ganzen Küste und im Archipel durchsetzten, vor allem der höheren Kosten wegen. »Noch laboriert alles an den schweren Kosten deiner breiten Deiche,« wird dem Deichgrafen Hauke Haien in Theodor Storms Novelle »Der Schimmelreiter« vorgeworfen, als er einen der alten steilen Deiche aufwendig reparieren lassen will. Der Deichgraf läßt sich von seiner Forderung abbringen, später bricht der Deich an dieser Stelle und die Flut stürmt in den Koog. Hauke, seine Frau und sein Kind kommen um. Aber der neue sanftgewölbte Deich am Hauke Haien-Koog trotzt Wind und Wassern.

Als der schon sterbenskranke Storm sein berühmtestes Werk verfaßte, war er ein Deichbau-Experte, denn er hatte sich seit Jahren sachkundig gemacht und alle Experten in seiner Heimatstadt Husum befragt. Husum, die ›graue Stadt am Meer‹, hatte einst fernab im Landesinneren gelegen, erst mit der Marcellusflut von 1362 war die kleine Stadt zum Seehafen geworden, weil der Heverstrom, ein schiffbarer Meeresarm, sich durchgefressen hatte bis hierher. Das Unglück Rungholts war das Glück Husums, das nun schnell wohlhabend und zum Zentrum der Uthlande wurde. Obwohl spätere Großfluten die Schiffbarkeit des Heverstroms verminderten, blieb die Hafenstadt das Verwaltungszentrum der Region. Als 1970 in einer Gebietsreform die Landkreise Südtondern, Husum und Eiderstedt zusammengelegt wurden, bestimmte man Husum als Hauptstadt des neuen Kreises Nordfriesland, der von der dänischen Grenze bis an die Eider reicht und alle Inseln und Halligen im Wattenmeer umfaßt.

Husum verdankte seinen Reichtum aber nicht nur dem Hafen, sondern auch dem reichen Ackerland von Strand, der ›Kornkammer‹. Die Insel war nach der Marcellusflut inzwischen wieder aufgeblüht, die Deiche wieder aufgerichtet, besser denn je, glaubten die Bürger von Strand. Sie rühmten sich eines ›eisernen Rings‹ um ihre große Insel – zu Unrecht, wie sich erweisen sollte. Schon 1615 brach bei einer Sturmflut eine Reihe der Dämme, der größte Teil der Insel wurde dabei überschwemmt. Alle paar Jahre folgten nun mehr oder minder starke Winterfluten, die allesamt erhebliche Schäden an den Deichen hinterließen. 1634 konnten die Bollwerke der See nicht mehr trotzen, eine Katastrophe brach über Strand herein. In der Nacht vom 11. Oktober überspülten und zerfetzten wütende Wogen die Deiche Nordfrieslands, die große Insel war am heftigsten betroffen. Wo einst Rungholt gelegen hatte und die Nordsee seit 1362 eine Meeresbucht aus dem Inselland gefressen hatte, da brach die See diesmal quer durch das Land hindurch.

Der friesische Chronist Heimreich hat die Schrekkensnacht so beschrieben: »Da denn die finstere Nacht nicht allein die abhandene große Gefahr bei vielen hat verborgen, sondern auch aller Mittel, derselben zu entkommen, beraubt hat. Derselben viele, indem sie gesehen, daß alle Mittel vergebens und sie zweifelsfrei mit ihren Hausgenossen von den Wellen würden weggeführt werden, sich und ihre Weiber und Kinder mit Stricken haben aneinander gebunden, daß, wie sie alle die Natur und Liebe vereinigt, also auch die grausamen Wellen nicht möchten trennen. Und es hat allenthalben ein jämmerliches Ansehen gehabt, maßen man gesehen, wie unzählig viele tote und lebende Menschen auf den Wellen herumgetrieben, auf einem Stück der Vater, auf dem anderen die Mutter, auf einem anderen die zarten Kindlein, Kisten und Schappen, Betten und Bettgewand, Laden und allerhand köstlicher Hausrat, und, wie alle vergebens Gott und Menschen um Hilfe und Errettung angeschrieben haben. Dazu hat auch Gott, der Herr, viele mit der Feuerrute gestraft, indem aus Ungestümigkeit der Winde das Feuer die Häuser, darauf die Leute gesessen, hat eingeäschert, also daß sie einen zwiefachen Tod vor ihren Augen haben sehen müssen und aus Furcht vor dem Feuer selbst ins Wasser gesprungen sind.«

Die Bilanz dieser einen Nacht war mit über 6000 Ertrunkenen und rund 50000 Stück verlorenem Vieh schon schlimm genug, aber noch folgenreicher sollte der Durchbruch der See quer durch die Insel werden. Fast drei Viertel aller Bewohner waren umgekommen, die Überlebenden hatten keine Möglichkeit, wieder alle alten Deiche aufzurichten. Sie mußten sich auf geringere Gebiete konzentrieren. Daraus entstanden die Inseln Nordstrand und Pellworm, alles andere Land mußte ausgedeicht werden. Die See schuf sich ein neues Watt und ließ nur zwei Halligen übrig von ihrer Beute: Nordstrandischmoor und die Hamburger Hallig. Amrum, Föhr und Sylt wurden auseinandergerissen in dieser schlimmen Nacht.

Damals entstand in groben Umrissen das Nordfriesland, wie es sich heute auf den Landkarten zeigt. Wenn man allerdings eine Landkarte aus dem späten 17. Jahrhundert mit einem Atlas unserer Tage übereinanderlegt, wird man feststellen, daß nur die groben Lokalisierungen übereinstimmen, daß ansonsten aber keine Küstenlinie gleich geblieben ist. Hier hat die Nordsee seither Land abgetragen, dort hat sie neues angeschwemmt. In ganz Nordfriesland, ausgenommen Föhr und die Halligen, ist aber nach der Katastrophe von 1634 die Vorsorge gegen Hochfluten verbessert worden, sind die Deich-Bollwerke erheblich verstärkt worden, sofern das finanziell möglich war. Auf Pellworm und auf Nordstrand konnten die neuen Deiche nur mit Hilfe niederländischer Einwanderer und Landkäufer wiedererrichtet werden, in Nordstrand allerdings sehr zu Lasten der dort lebenden Inselbewohner, die den niederländischen ›Partizipanten‹ ihr Land und alle Rechte übertragen mußten.

Die neuen Deiche bewährten sich, ihre Probe mußten sie bereits Weihnachten 1717 ablegen. Bei der schweren Sturmflut, die an der ganzen Nordseeküste fast 12000 Menschenleben forderte, kam Nordfriesland relativ glimpflich davon. Allein auf den Halligen konnte der Sturm mit voller Wucht zuschlagen, hier waren rund 50 Tote zu beklagen. Die allesamt unbefestigten Halligen mußten große Landverluste hinnehmen und wurden total verwüstet in dieser ›Weihnachtsflut‹. Das tiefgelegene Marschland auf Föhr, das nur mit einem niedrigen ›Sommerdeich‹ gesichert war, wurde in dieser Nacht wie bei jeder hohen Flut überspült. Da die Höfe aber auf der höher gelegenen Geest standen, gab es, obschon die Marsch drei Meter hoch unter Wasser stand und alle Deiche zerstört waren, keine Menschenleben zu beklagen. Aber auf Föhr nahm man die häufigen Überschwemmungen fast mit Gleichmut hin, da die Föhrer, die gut in der Seefahrt verdienten, wenig interessiert waren an der Landwirtschaft. Überdies wirkte sich die politische Teilung der Insel in die dänische Westerharde und die herzogliche Osterharde nicht gerade förderlich aus auf die Gemeinschaftsaufgabe Deichbau. Erst zur Wende vom 19. zum 20. Jahrhundert sollte die Föhrer Marsch mit einem Hochdeich seefest gesichert werden.

Die Weihnachtsflut von 1717 hatte zwar demonstriert, daß ordentliche Deiche auch in schweren Stürmen zu schützen vermögen; aber auch die Tatsache, daß auf vielen Inseln die katholischen Bürger in der Nacht zur Christmette gegangen waren und so ihre friedlich schlafenden protestantischen Nachbarn (und das war die große Mehrheit) vor der herannahenden Gefahr warnen konnten, half mit, die Verluste gering zu halten. Auch in dieser Christnacht waren noch viele Dämme in den Uthlanden geborsten, glücklicherweise größtenteils erst bei wieder ablaufendem Wasser. Aber noch waren die Deiche unzulänglich. Einen weiteren Fortschritt brachten im 18. Jahrhundert die neuen Konstruktionen des Grafen Jean Henri Desmercieres, deren Profile seeseitig noch flacher waren als bisher. Der französische Adlige, als Direktor der Königlichen Bank in Kopenhagen tätig, hatte bei Bredstedt und auf Nordstrand Land einkoogen lassen, das er dann zu günstigen Konditionen an Bauern verkaufen ließ. Seine ›Desmercieres-Deiche‹ waren in der Grundfläche mehr als doppelt so breit wie die bisher üblichen Dämme, nämlich 35 Meter; heutige Dämme sind sogar 70 Meter breit, das erlaubt ganz sanfte Böschungen. Doch auch die Konstruktionen des philantropischen Grafen setzten sich zur zögernd durch, denn es war natürlich viel teurer und viel arbeitsaufwendiger, die schwere Kleie-Erde für den weitaus größeren Deich heranzukarren.

Für den Rest des Jahrhunderts hatte Nordfriesland zwar noch eine Reihe schwerer Strumfluten abzuwehren, aber zu großen Katastrophen kam es nicht mehr, zumindest was Personenschäden anging. Die Sachschäden gingen jedoch in astronomische Höhen, vor allem auf Pellworm und Nordstrand. Auf letzterer Insel zogen sich nach schweren Fluten die meisten niederländischen Partizipanten wieder zurück und überließen das wieder einmal vernichtete Land samt den hohen Kosten für den Wiederaufbau der Deiche den Söhnen und Enkeln jener

Das Herbeischaffen von Sandsäcken zum Schutz gegen Überflutung. Nach einer Skizze von F. A. Wilhelms auf Holz gezeichnet von Fr. Kollarz. Ende 19. Jh.

Friesen, die ihnen einst Nordstrand (wie die Insel nach der Trennung von Pellworm nur noch genannt wurde) hatten überlassen müssen.

Bis zur nächsten großen Katastrophe was es noch mehr als ein Jahrhundert: In der Nacht vom 3. auf den 4. Februar 1825 lief die Nordsee zu einer Höhe auf, die sie seither trotz des ständig steigenden Durchschnittspegels nicht wieder erreicht hat. Am Hafen von Wyk auf Föhr steht ein mächtiger Holzpfahl, an dem Markierungsringe die Wasserstände der großen Fluten anzeigen; der oberste Ring, bei vier Meter über Normalnull angebracht, erinnert an die Flut von 1825 – er ist mit deutlichem Abstand der höchste. An der Festlandsküste wehrten die mittlerweile flachen Deiche auch diese gewaltige Wassermenge meist ohne große Schäden ab, bloß auf den Inseln und Halligen wüteten die Wellen wieder mächtig: In Nordstrand liefen mehrere Köge voll, Pellworm stand völlig unter Wasser, auf Föhr lief die Marsch-Tiefebene voll, auf Amrum stauten sich die Wellen in Nebel und Norddorf, und auf Sylt standen nicht nur die Orte am Wattenmeer, sondern sogar einige Häuser von Westerland in der Flut. Am schlimmsten aber traf es wieder einmal die Halligen: 74 von 940 Halligbewohner kamen um, nahezu alles Vieh ertrank, bis auf wenige Ausnahmen wurden alle Häuser soweit zerstört, daß sie nicht wieder bewohnt werden konnten.

Die Not der Halligen bei Sturmflut war in den Zeitungen und Magazinen des vergangenen Jahrhunderts ein viel beschriebenes, Angst und Schrecken weckendes Thema. Ein Beispiel sind die »Geographischen Bilder«, ein seinerzeit beliebtes und weit verbreitetes Erdkunde-Schulbuch. Sein Hallig-Kapitel entstand anscheinend unter dem Eindruck der Flut von 1825: »Die Wasser steigen gegen zwanzig Fuß über ihren gewöhnlichen Stand hinauf. Die Wogen dehnen sich zu Berg und Thal, und das Meer sendet in immer neuen vollen Zügen seine volle, breite Gewalt gegen die einzelnen Werften, um sie aus seiner Bahn wegzuschieben. Der Erdhügel, der nur eine Zeit lang zitternd widerstand, giebt nach; bei den unausgesetzten Angriffen bricht ein Stück nach dem anderen ab und schießt hinunter. Die Pfosten des Hauses, welche die Vorsicht ebenso tief in die Werfte hineinsenkte, als sie darüber hervorstehen, werden dadurch entblößt; das Meer faßt sie, rüttelt sie. Der erschreckte Bewohner des Hauses rettet erst seine besten Schafe hinauf auf den Boden, dann flieht er selbst nach; und hohe Zeit war es! Denn schon stürzen die Mauern, und nur noch einzelne Ständer halten den schwankenden Dachboden, die letzte Zuflucht. Mit furchtbarem Siegesübermut schalten nun die Wogen in dem unteren Teil des Hauses; sie werfen Schränke, Kisten, Betten, Wiegen mit wildem Spiel durcheinander, schlagen sich immer freieren Durchgang, um alles hinauszureißen auf den weiten Tummelplatz ihrer unbändigen Kraft, und die Stützpunkte des Daches werden immer weniger, des Daches, dessen Niedersturz rettungslos einer noch vor wenigen Stunden in häuslicher Gesellschaft miteinander wirkenden, oder im sanften Arm des Schlummers nebeneinander ruhenden Familie ein schäumendes Grab bereitet. Ängstlich lauscht das Ohr, ob nicht das Brausen des Sturmes abnehme; ängstlich pocht das Herz bei jeder Erschütterung; immer enger drängen sich die Unglücklichen zusammen. In der Finsternis sieht keiner das entsetzliche Antlitz des anderen; im Donnergeroll der tobenden Wogen verhallt das bange Gestöhn; aber jeder kann an seiner eigenen Qual die marternde Angst seiner Lieben ermessen. Der Mann preßt das Weib, die Mutter ihre Kinder mit verzweiflungsvoller Todesgewißheit an sich; die Bretter unter ihren Füßen werden von der drängenden Flut gehoben; aus allen Fugen quellen die Wasser auf; das Dach wird durchlöchert vom Wogensturz; ein irrer Mondstrahl dringt durch die zerrissenen Wolken, fällt hinein in die Jammerscene, die, von seinem bleichen, zuckenden Lichte beleuchtet, in all' ihrer Furchtbarkeit erscheint und die angstverzerrten Gesichter einander spiegelt. Da kracht ein Balken. Ein furchtbarer Schreckruf! Noch eine martervolle Minute! Noch eine! Der Dachboden senkt sich nach einer Seite, ein neuer Flutenberg schäumt herauf und – im Sturmgeheul verhallt der letzte Todesschrei. Die triumphierenden Wogen schleudern sich einander Trümmer und Leichen zu. – Dennoch liebt der Halligbewohner seine Heimat, liebt sie über alles, und der aus der Sturmflut Gerettete baut sich nirgends sonst wieder an, als auf dem Fleck, wo er alles verlor, und wo er in kurzem wieder alles und sein Leben mit verlieren kann.«

Mitunter kam es in solchen Notlagen zu wunderbaren Rettungen. Der nordfriesische Schriftsteller Georg Quedens, der eine Vielzahl vorzüglicher Bücher über die Inseln und Halligen geschrieben hat, berichtet von solchen Fällen während der Sturmflut von 1825. Auf der Hallig Langeneß brachen die Wellen auch die Mauern des Hauses auf der Ketelswarft ein, der Seemann Broder Tadsen sah sich mit seiner jungen Frau und seinem Säugling in höchster Not. Allein die Küche und deren Nebengemach hielten noch den Fluten stand, aber auch hier drang schon Wasser durch die Tür. Das Ende schien nah zu sein. Da trieben die Wellen eine Jolle herbei, die zufällig mit dem Bug so passend in die Tür geriet, daß sie Küche und Gelaß abschottete. Die junge Familie überlebte. Auch der zweite Fall ereignete sich bei Langeneß: Nachdem die Flut abgelaufen war, segelten die Schiffer von Wyk hinaus, um notfalls bei den Halligen behilflich zu sein. Vor der Hallig fanden sie eine grüne Wiege, die im Wasser trieb. Als sie geborgen war und die Schiffer mit den schlimmsten Ahnungen die Decke zurückschlugen, fanden sie darin zwei festgezurrte Babys, die starr und blau waren von der Kälte. Aber sie lebten! In ihrer Wiege hatten sie diese furchtbare Flut überstanden, keine Welle hatte ihr kleines Gehäuse umgeschlagen, ein Wunder. Die Kleinen, deren Eltern niemand mehr herausfinden konnte und die vermutlich ertrunken waren, wurden nach Wyk zum kinderlosen Ehepaar Lorenzen gebracht. Carsten und Hinrich, wie die Sturmflut-Findelkinder genannt wurden, entwickelten sich zu respektablen Kapitänen, wie auch ein nachgeborener Sohn der Eheleute Lorenzen. Frerk, wie er getauft wurde, sollte später einmal einem vor Amrum gestrandeten Schiff zu Hilfe kommen. Vor Ort erkannte er in dem Kapitän des gestrandeten Handelsfahrers seinen Bruder Hinrich – dem er bei der nächsten Flut wieder ins rechte Fahrwasser helfen konnte.

Nicht jeder Seemann, der in den Uthlanden gestrandet war, konnte auf solch bevorzugte Behandlung hoffen. Im Gegenteil, manch armem Schiffbrüchigem, der sich am Ufer auch in Sicherheit wähnte, wurde erst dort das Lebenslichtlein ausgeblasen, damit er ja keinen Anspruch auf das Strandgut erheben könnte. Einige Insulaner setzten sogar bewußt falsche Feuer, um die Seefahrer nachts auf ihre Sandbänke zu locken und dann auszuplündern. Aber auch was sie nach Sturmflutnächten an ihren Stränden fanden, vor allem in Sylt und Amrum, verhieß fette Beute. Bis zur Einführung der Dampfschiffe wurden fast bei jedem Sturm Schiffe auf die Westküste getrieben. Die Behandlung dieses Strandguts war zwar gesetzlich geregelt, aber Strandräuberei war dennoch ein gängiges Delikt. In den dänischen Enklaven der Uthlande galt das für Schiffbrüchige sehr hilfreiche dänische Gesetz, während in den herzoglichen Regionen die Gestrandeten bestenfalls ein Drittel ihres Besitzes behalten konnten. Ansonsten kassierten der Herzog und die Strandbewohner für ihre Arbeit alles als Bergeprämie. Das änderte sich erst, als die Herzogtümer zu Preußen fielen und 1878 eine Reichsstrandordnung erlassen wurde, die sich im wesentlichen an der dänischen Regelung von 1803 orientierte.

Anfang des 19. Jahrhunderts erließ der dänische Hof auch Deichreglements, die den Küstenschutz allmählich immer weiter in die Verwaltung der Zentralregierung eingliederte, allerdings die Anlieger nicht von ihren Verpflichtungen zum Arbeitseinsatz und zur Finanzleistung entlastete. Als die Preußen das Sagen in Schleswig-Holstein übernahmen, strafften sie, ihrem Staatsverständnis entsprechend, diese zentrale Zuständigkeit in Deichfragen sogar noch. Allmählich gingen aber auch die finanziellen Lasten des Küstenschutzes auf den Staat über, eine Entwicklung, die zu Beginn unseres Jahrhunderts einsetzte, als die ersten ›Staatsköge‹ entstanden. Die Nationalsozialisten nahmen Eindeichungs- und Landgewinnungsmaßnahmen in ihre Arbeitsbeschaffungsprogramme auf, nach dem Krieg blieb die Deichpflege Staatsaufgabe.

Private Landbesitzer hätten die inzwischen enormen Kosten auch gar nicht mehr tragen können, das erwies sich spätestens an der Sturmflut vom 16. Februar 1962. Sie hat überall im nordfriesischen Wattenmeer die Deiche aufgerissen und – vor allem wieder auf den Halligen – die Häuser zerstört. Die Schutzmaßnahmen bewährten sich dennoch, auch wenn große Schaf- und Rinderherden untergingen. Doch es war in Nordfriesland kein Menschenleben verlorengegangen. Das war die Flut, bei der in Hamburg 315 Menschen umkamen.

Nach dieser jüngsten Katastrophe entwickelte die Landesregierung in Kiel eine Gesamtplanung für den Küstenschutz, die mit Millionenaufwand Schwachpunkte in der ›Landesverteidigung‹ gegen die See ausmerzen sollte. Dazu gehörten eine Erhöhung der Deichkronen, Steinränder und Sommerdeiche für die Halligen, Sandvorspülungen und die Einrichtung von Sicherheitsräumen in den Hallighäusern. Diese Sicherheitsräume sind Betonkonstruktionen, die im Hausinneren, aber ohne konstruktive Verbindung mit den Hausmauern, eingebaut sind. Sie stehen auf tief im Erdreich verankerten Pfählen und sollen sogar noch dann sicheren Schutz bieten, wenn das ganze Haus ringsum zerlegt ist von den Wogen. Erprobt ist diese Garantie glücklicherweise noch nicht, die bedrohlichen Sturmfluten im Januar 1976 verliefen glimpflich dank erfolgreicher Küstenschutzanstrengungen. Aber diese Arbeiten sind noch lange nicht abgeschlossen, sofern man bei dieser Arbeit überhaupt je einen Abschluß findet. Schon bald nach dem Krieg wurden die Eindeichungsarbeiten an der nordfriesischen Festlandsküste wieder aufgenommen. Da der Hindenburgdamm nach Sylt eine Strömungsveränderung zur Folge hatte und sich zu seinen Seiten Schlicksand absetzte, konnte 1954 dort der über 1300 Hektar große Friedrich-Wilhelm-Lübke-Koog geschaffen werden. Durch ihn geht die Fahrt bei der Eisenbahn-Verladung zwischen Klanxbüll und dem Hindenburgdamm. Ein zweiter großer Koog entstand 1959 bei Schlüttsiel, dem Hafen für die Fähre nach Oland, Langeneß, Gröde und Hooge. Dieser große Koog wurde nach seinem literarischen Vorbild im »Schimmelreiter« der Hauke-Haien-Koog, er ist auffällig wegen seiner großen Wasserflächen, die gleichermaßen als Seevogelschutzgebiet wie als Rückstaubekken für die hier mündenden kleinen Flüsse dienen. Weitere Eindeichungen sind vorgesehen an der Nordseite des Hindenburgdamms und in der Nordstrander Bucht, ferner soll ein Sicherungsdamm vom Festland zur Insel Pellworm hinübergezogen werden. Dieser Damm soll verhindern, daß die zwei Meeresströme, die sich zwischen Pellworm und dem Festland schon verbunden haben, diese Wattstrecke weiter ausspülen und den Schlicksockel abtragen. Politisch sind Damm und Eindeichungen allerdings umstritten. Aber daran sind die Friesen ebenso gewöhnt wie an ihre wechselnden Obrigkeiten.

Die Inselfriesen und die Politik

So zerrissen wie ihr Land war auch stets der Stamm der Friesen. Eine politische Einheit bildete er im Norden so gut wie nie. Historiker führen das auf die spezifische Landesnatur zurück, auf die Isolation in Kögen und auf Eilanden. Der Kreuz- und Querverkehr war unter den Nordfriesischen Inseln immer relativ gering. Die Schiffahrtslinien reichten meist von Ost nach West, selten aber von Nord nach Süd, ein Muster, das sich heute noch im Verkehrsnetz findet: Nordstrand-Pellworm-Hooge ist eine dieser Querlinien, Dagebüll-Oland-Langeneß ist eine andere, mittlerweile sogar durch einen kleinen Damm verbunden, die dritte Querlinie führt von Dagebüll nach Föhr und Amrum, die vierte über den

Hindenburgdamm nach Sylt. Diese Stränge, die auch den Schlicksockeln im Watt entsprechen, sind voneinander zwar durch starke Meeresströmungen getrennt, aber das dürfte für die seekundigen Friesen kein Problem gewesen sein. Dennoch gab es, wie man aus Erzählungen und Zeugnissen der Alten weiß, nur vergleichsweise wenig Nachbarschaftskontakte zwischen – beispielsweise – Sylt und Amrum, dafür aber um so mehr zwischen Amrum und Föhr, die bei Ebbe ein Wattwanderweg verbindet.

Das Denken und Trachten der Inselfriesen war immer vordergründig auf ihr eigenes Eiland gerichtet, ja, es gibt sogar Berichte über Insulaner, die bei hochgehender Flut einen kleinen Deichbruch auf der Nachbarinsel als wünschenswert erachtet haben sollen, damit der Druck auf den eigenen Deich nachlasse...

Auf den politischen Druck von außen, von den Herzogsresidenzen oder vom Königshof in Kopenhagen, reagierten die Inselfriesen meist ebenso uneinheitlich. So waren sie trotz all ihres unbändigen Freiheitswillens immer ein Spielball der Mächtigen, und Nordfriesland blieb ein Zankapfel im ausdauernden Streit um Holstein, Schleswig und Südjütland. Allein die Dithmarscher konnten sich in ihrer Bauernrepublik länger behaupten. Ansonsten haben die Friesen nur einmal gemeinsam eine siegreiche Schlacht geführt: 1252 wurde Abel, der König von Dänemark und Herzog von Schleswig, bei Oldenswort auf der Halbinsel Eiderstedt von einem Friesenheer geschlagen. Damals entstand die Sage vom Wessel Hummer. Der Handwerker lauerte dem fliehenden König (der übrigens durch Brudermord auf den Thron gekommen war) mit einer Axt auf und spaltete ihm mit einem gewaltigen Hieb den Schädel. Später plagte ihn das schlechte Gewissen wegen der Untat an dem geweihten und gekrönten Haupt; Meister Hummer heuerte in der Seefahrt an, um Vergessen zu suchen. Als dann aber sein Schiff in einen bedrohlichen Sturm geriet, sah er ein Strafgericht Gottes heraufziehen. Er bat seine Gefährten, ihn über Bord zu werfen, auf daß wenigstens ihre Leben und ihre Seelen gerettet würden. Seine Kameraden zögerten nicht lange...

Den Sieg über den Dänenkönig haben die Friesen damals schnell verspielt; mangels einer gemeinsamen Herrschaft zerfiel die kurzlebige friesische Einheit schnell wieder in eigenbrödlerische Insel-Sippen. Die beherrschenden politischen Kräfte blieben auf den Inseln die dänischen Könige und die Herzöge von Schleswig, die mit dem Kopenhagener Hof eng verbunden waren und zeitweise in Personalunion regierten. Die ›Königsfriesen‹ in den Uthlanden hatten sich zahlreiche Privilegien und die Anwendung alter Stammesrechte sichern können – Zusicherungen, die auch größtenteils eingehalten wurden. An Versuchen, diese Rechte auszuhöhlen, hat es angesichts der Habgier und Begehrlichkeit der Mächtigen nicht gefehlt, aber auch nicht an Wehrhaftigkeit dagegen, getreu dem friesischen Motto »Lewwer duad üs Slaav!« (Lieber tot als Sklave). Mit diesem Satz endet jeder Vers in Detlef von Liliencrons Ballade »Pidder Lüng«, in der ein Ritter mit seinen Schergen auf Sylt den Zehnten gewaltsam eintreiben will. Pidder Lüng trifft er mit seiner Familie beim Essen an, der Fischer verweigert die Steuer; der Ritter gerät darüber in Rage. »Und er speit in den dampfenden Kohl hinein: Nun geh an deinen Trog, du Schwein.« Pidder Lüng springt darauf dem Amtmann an die Gurgel und drückt dessen Kopf in den heißen Kohlbrei, bis der Ritter erstickt. Die letzte Strophe:

Der Priester liegt ohnmächtig ihm am Fuß,
Die Häscher stürmen mit höllischem Gruß,
Durchboren den Fischer und zerren ihn fort,
In die Dünen, im Dorf rasen Messer und Mord.
Pidder Lüng doch, ehe sie ihn ganz verderben,
Ruft noch einmal im Leben, im Sterben
Sein Herrenwort:
Lewwer duad üs Slaav!

Liliencron hat hier eine alte Sylter Sage aufgegriffen und umgestaltet, in der Sage geht es nicht um Steuerforderungen, sondern nur um den Übermut des Rittersohnes, den Lüng im Kohl erstickt. Der Sage nach haben die Sylter damals auch die Schergen siegreich vertrieben, Pidder Lüng wurde allerdings später gefaßt und aufgeknüpft. In der Tat mußten die Inselfriesen ihre relative Freiheit ständig verteidigen, das gelang ihnen mit unterschiedlichem Erfolg. Im Wechselspiel der Kräfte zwischen dem dänischen König und den Herzögen von Schleswig und Holstein wechselte Nordfriesland mehrfach den Besitzer. 1426 kamen die wichtigsten Harden (ein dänisches Wort für Gemeinden) auf Föhr zusammen, um ihre angestammten friesischen Freiheitsrechte (vermutlich erstmals) schriftlich festzuhalten. Herzog Heinrich und sein Nachfolger Adolf III. erkannten diese friesische ›Beliebung‹ an, daraufhin zogen die Friesen an seiner Seite gegen den Dänenkönig zu Feld. Beim Friedensschluß von Wordingborg mußte der König 1435 dem Herzog große Ländereien überlassen, Nordfriesland, Schleswig und Holstein waren nun vereint, abgesehen von einigen dänischen Enklaven, beispielsweise List auf Sylt und Föhr-Westerharde. Allerdings wurde bereits 1460 König Christian I. von Dänemark, ein Neffe von Herzog Adolf, zum Landesherren gewählt. Er mußte jedoch im ›Ripener Freiheitsbrief‹ zusichern, daß Schleswig und Holstein immer ungeteilt zusammenbleiben werden. Diese Verknüpfung der Herzogtümer Schleswig und Holstein sollte, mit unterschiedlicher Intensität, über vier Jahrhunderte anhalten.

Im Dreißigjährigen Krieg, der Deutschlands Städte und Fürstentümer verwüstete, kamen die nordfriesischen Inseln vergleichsweise ungeschoren davon. Christian Peter Hansen, der Mitte des vergangenen Jahrhunderts mit seinen Büchern die Grundlagen der nordfriesischen Heimatforschung legte, berichtet in seiner »Chronik der friesischen Uthlande« nur von geringen Kampfhandlungen in der Zeit von 1618 bis 1648. Allerdings lagen auf den größeren Inseln sowohl kaiserliche als auch dänisch-englische Verbände, deren Truppenstärke teilweise hoch in die Tausende ging. Die Kosten für die Unterkunft und die Verpflegung dieser Soldaten mußten meist die Insulaner aufbringen – eine schwere Bürde. Die Kriegsgeschichte verzeichnet für die Uthlande aber nur drei größere Landattacken, zwei Fehlschläge und einen Erfolg. Der gelang 1629 einer 8000 Köpfe zählenden Armee unter britischer Führung, die von Föhr aus mit 100 Booten nach Nordstrand segelte, um dort eine erst im Jahre zuvor errichtete Schanze zu erstürmen. Die 200 Kaiserlichen, die das Bollwerk verteidigen sollten, hatten angesichts dieser Übermacht natürlich keine Chance.

Eine Chance hatten hingegen zuvor die Föhrer gehabt und genutzt: Als ein kaiserliches Expeditionscorps mit 13 Schiffen vor ihrer Küste erschien, wurde es ohne viel Federlesen in die Flucht geschlagen. Immerhin war das aber eine ernsthafte militärische Auseinandersetzung gewesen, kurios ist hingegen der Versuch des Obersten von Zinß verlaufen, die Insel Sylt zu erobern. Der Offizier konnte mit seinen Truppen auch mühelos auf Sylt landen, fand aber beim Vorrücken in Morsum die St. Martins-Kirche, ein wehrhaftes Trumm aus dem 12. Jahrhundert mit meterdicken Mauern aus Findlingssteinen, so massiv befestigt, daß er glaubte, die Insulaner würden seinen Kriegern zu starken Widerstand leisten. Also zog er wieder ab.

Die Freude über die bis dahin relativ problemlose Kriegszeit sollte nicht von langer Dauer sein, denn 1634 zerfetzte, wie geschildert, eine Orkanflut die Uthlande. Die Not war nach der Katastrophe auf den Inseln und Halligen noch nicht behoben, da gerieten sie schon wieder ins Kriegsgeschehen, diesmal in den Konflikt zwischen Dänemark und Schweden, der noch weit über den Dreißigjährigen Krieg hinaus bis ins 18. Jahrhundert andauern sollte. Die Vorherrschaft auf der jütländischen Halbinsel, der strategisch bedeutsamen Landbrücke zwischen Skandinavien und den mitteleuropäischen Bündnisstaaten, blieb umkämpft. In diesem skandinavischen Krieg erlebte das Wattenmeer seine erste von insgesamt fünf Seeschlachten: Am 16. Mai 1644 gingen in der Lister Tiefe die schwedisch-niederländische und die dänische Flotte aufeinander los. Obwohl die Dänen gegen die dreißig Schiffe ihrer Gegner nur neun Schiffe einsetzen konnten, obsiegten die Sailors aus Kopenhagen. Die Schweden und Holländer sollen damals über 1000 Mann verloren haben, noch tagelang später, so hieß es in zeitgenössischen Berichten, wurden die Leichen der Matrosen auf Sylt und auf dem Jordsand angetrieben.

An derselben Stelle, in der Lister Tiefe, kam es dreißig Jahre später zur zweiten Seeschlacht, wiederum mit niederländischer Beteiligung. Diesmal waren die Franzosen die Gegner. Beide mußten schwere Verluste hinnehmen, erneut spülten die Wellen zahlreiche Leichen an die Strände, wenn auch weniger als 1644. Anfang des 18. Jahrhunderts schien eine endgültige Klärung des Vormachtanspruchs zwischen Schweden und Dänemark bevorzustehen, nachdem der zwischenzeitlich abgeflaute Konflikt wieder aufgelebt war und im März 1700 zum ›Nordischen Krieg‹ um die Macht in den Gottorfer Herzogtümern geführt hatte. Der Krieg endete mit dem Sieg Dänemarks; einer der Nebenschauplätze der Auseinandersetzung war das Watt bei der Hallig Südfall. Im Februar 1713 waren rund 200 schwedische Soldaten mit ihren vier Schiffen von der Ebbe überrascht worden, sie mußten auf dem Schlick die nächste Flut abwarten. Die Dänen hatten bemerkt, daß ihre Feinde buchstäblich auf dem Trockenen saßen, gemeinsam mit den verbündeten Russen zogen sie aus – zur dritten Seeschlacht im Watt, die eher eine Schlacht auf der Sandbank wurde. Sie forderte von beiden Seiten einen hohen Blutzoll und endete erst, als die Flut wieder auflief und die Kämpfer auseinandertrieb.

Der dänische Sieg im ›Nordischen Krieg‹ erwies sich als vorteilhaft für die nordfriesischen Inseln. König Friedrich IV. hatte wenige Tage nach der Schlacht bei Südfall mit einem ›Okkupationspatent‹ alle gottorfschen Landesteile in Schleswig und Holstein übernommen, nur in Holstein blieben dem Haus Gottorf noch einige Ländereien erhalten. Unter Friedrich und seinem Nachfolger Christian VI. konnten die Insulaner ihren aufkeimenden Wohlstand sichern, da in Friedenszeiten alle Seefahrer per Dekret vom Militärdienst wie von Landarbeiten für das Herrscherhaus befreit worden waren. Dieses Privileg hatte einen guten Grund: Die Seeleute von den Inseln gingen vorzugsweise auf ›Grönlandfahrt‹. Von diesen Walfangfahrten kehrten sie meist mit prallen Börsen zurück. Und was seinen Landeskindern guttat, das füllte auch des Königs Steuerschatullen.

Das ›Goldene Zeitalter‹ der ›Grönlandfahrer‹

Auch den Walfang haben die Insulaner übrigens einem Krieg zu verdanken: Die Holländer, im 17. und im 18. Jahrhundert die Meister der Waljagd, hatten ursprünglich vorzugsweise Basken als Mannschaften für ihre Schiffe angeheuert. Da der französische König seinen Basken das Anheuern beim niederländischen Feind untersagte, besannen sich die Holländer ihrer friesischen Brüder im Norden. Die Uthländer machten sich schnell einen guten Namen in den Jagdrevieren vor ›Grönland‹ – bei dem es sich übrigens um Spitzbergen handelte. Damals glaubte man noch, die Inselgruppe im Nordatlantik sei ein Teil Grönlands, ein Irrtum, der sich erst im späteren Verlauf der Walfangepoche aufklärte. Inzwischen hatte sich jedoch die Bezeichnung ›Grönlandfahrer‹ so eingebürgert, daß es auch nach der geographischen Aufklärung bei diesem Namen blieb.

Der Walfang bestimmte im nun anbrechenden ›Goldenen Zeitalter‹ den Rhythmus des Jahres. Je nach Witterung schifften sich die Walfang-Mannschaften Ende Februar oder Anfang März auf kleinen Schiffen ein, die *Schmacks* genannt wurden. Auf ihnen segelten sie nach Holland, wo die Schiffsbesatzungen zusammengestellt wurden. Dann ging es auf striktem Nordkurs nach Spitzbergen, wo alles erbarmungslos gejagt wurde, was beim Auftauchen eine Fontäne in die Luft sprühte.

Es war eine gefährliche Jagd, und viele Friesen haben diese gutdotierte Arbeit auch mit dem Leben bezahlt: Sobald ein Wal gesichtet wurde, ließen die Fänger eine Nußschale von einem Boot zu Wasser, in dem meist vier bis sechs Ruderer, ein Steuermann und ein Harpunierer auf den Wal zufuhren. Die gutmütigen Meeresriesen lassen ohne Scheu Menschen nahe an sich herankommen, damals war diese Zutraulichkeit in der Regel tödlich für die Tiere. Der Harpunierer rammte dem Tier einen mit Widerhaken versetzten Speer tief in den Körper, sofort legten sich dann die Ruderer mit aller Kraft in die Riemen. Es galt, möglichst schnell wegzukommen von dem verwundeten Tier, denn ein Hieb mit dessen Schwanzflosse hätte das kleine Boot mühelos zu Kleinholz gemacht. Dann mußten sich die Fänger oft in wilder Fahrt über das Wasser schleppen lassen, bis der Wal müde wurde und sich gegen den Todesstoß aus einer langen Lanze nicht mehr wehren konnte. Nun wurde der massige Kadaver zum Fangschiff gezogen, wo er sorgfältig zerlegt wurde. Besonderen Reichtum verhieß der Speck, der zu einem Öl ausgekocht wurde, das unter anderem als Brennstoff für die Lampen hochbegehrt war. Aber es gab kaum etwas vom Wal, das nicht verwertet werden konnte, selbst die ausladenden Kiefernknochen waren begehrte Trophäen für die ›Commandeure‹ (wie die Walfang-Kapitäne genannt wurden), die daraus pittoreske Pforten zu ihren properen Häusern auf Föhr, Amrum und Sylt bildeten. Einige Häuser haben heute noch solche Wal-Pforten, das imponierendste Exemplar findet sich im Garten des Friesenmuseums in Wyk.

Die Commandeure konnten sich solche protzigen Schaustellungen leisten, denn fast alle wurden bei der Waljagd reich. Ihnen verdanken die Inseln viele der schönen alten Friesenhäuser, die heute so fremdenverkehrsförderlich sind. Die pensionierten Kapitäne, auch die der Handelsschiffahrt, ließen sich gerne in Keitum auf Sylt, Nebel auf Amrum und Nieblum auf Föhr nieder – Orte, die heute noch zu den schönsten Dörfern der Inselwelt zählen. Durchschnitts-Insulaner konnten sich solche, auch innen kostbar ausgestatteten Heime nicht leisten. Sie lebten in kargen Hütten aus aufgeschichteten Erdsoden und Stützkonstruktionen aus hölzernem Strandgut. Auch für die einfachen Seeleute an Bord der Walfänger reichte die Heuer nicht für Häuser solcher Stattlichkeit; um das zu erreichen, mußte man schon Commandant, Offizier oder in einer sonstigen leitenden Funktion an Bord sein. Nur dieser Kreis wurde am Fangergebnis beteiligt – und nur auf diese Weise konnte man reich werden. Also bemühten sich viele Insulaner, in Führungspositionen zu kommen; deshalb büffelten sie in der Winterpause fleißig die Kunst der Navigation, um wenigstens als Steuermann anheuern zu können. Altgediente Kapitäne übernahmen in der Regel diesen Unterricht, aber selbst ein Priester, Pastor Richard Petri von St. Laurentii auf Föhr, war als Lehrmeister für den Commandantennachwuchs hoch geschätzt. Sicherlich kam diesen Seeschulmeistern zugute, daß man den Nordfriesen eine besondere Begabung zu allem Mathematischen nachsagt, ein Charakterzug, der auch schon Storms »Schimmelreiter« prägte.

Auf Föhr war zeitweise ein Drittel der Bevölkerung auf See, es ist denn wohl auch die Insel, die am meisten vom Walfang profitierte, wie noch heute der Augenschein wohlgefällig beweist. Aber diese einseitige Ausrichtung hatte auch Nachteile, nicht nur wegen der vielen Verluste an Menschenleben auf See, sondern auch für die Bewirtschaftung der Insel. Die Bürger von Föhr haben sich beispielsweise nie sonderlich um die Landwirtschaft und die Fischerei gekümmert. Die Landwirtschaft wurde nur in kleinem Maßstab von den daheimgebliebenen Frauen der Seeleute betrieben. Das Interesse am fruchtbaren, aber nur mit hohen Deichkosten zu sichernden Marschland war gering. Das führte, wie bereits einmal erwähnt, zu einer Vernachlässigung der Dämme.

Der Wohlstand der Walfänger, der auch über deren Tod hinaus dokumentiert werden sollte, führte jedoch auch zu einer schönen Sitte, zu den ›erzählenden Grabsteinen‹ auf den Inselfriedhöfen. Auf diesen, mit viel Bilderschmuck (vorzugsweise große Segelschiffe) ausgemeißelten Privat-Denkmälern wird in bewegten, gottgefälligen Worten der Lebenslauf des Verblichenen und seiner Frau geschildert, wobei die Frauen-Grabsteine hin und wieder mehrere Ehemänner nennen – das harte Brot der Seefahrerzeit, an Witwen war damals kein Mangel. Viele Darstellungen sind symbolisch, etwa, wenn die Segelschiffe in abgetakeltem Zustand gezeigt werden. Das Schiff des Commandanten Pay Volkerts aus Wrixum im St. Nicolai-Kirchhof ist hingegen in schneller Fahrt und unter prallen Segeln gezeigt. »So wie das Schiff mit vollen Segeln in den Hafen segelt, so ging auch der Verstorbene in voller Manneskraft in die Ewigkeit hinüber, erst 43 Jahre alt«, erklärt Lehrer O. C. Nerong aus Dollerup in seiner bereits 1909 erschienenen Studie über die »Kirchhöfe Föhrs«.

Fast alle Grabsteine sind in hochdeutscher Sprache beschriftet, plattdeutsche oder lateinische Inschriften sind sehr selten. Der berühmteste Grabstein ist jedoch in lateinischer Sprache, er steht auf dem Friedhof bei der Kirche St. Laurentii und erinnert an Matthias Petersen, den ›glücklichen Matthias‹. Der Stein war zu Petersens Tod 1706 gesetzt worden und schildert, wie der vom Glück verwöhnte Walfang-Commandeur (diesen Rang erreichte er schon mit 20 Jahren) insgesamt 373 Wale erlegte. Fortuna auf der Erdkugel, umspielt von einem Wal, ziert folglich den Grabstein des solcherart zum steinreichen Mann gewordenen Seefahrers. Davon sollte dieses Monument ebenso künden wie die zwei von ihm gestifteten Messing-Kronleuchter in der Kirche. Der glückliche Matthias mußte allerdings seine Seefahrerkarriere unglücklich beenden: 1702 geriet er in die Fänge eines französischen Kaperfahrers und mußte sich für die damals horrende Summe von 8000 Talern freikaufen. Nicht genug damit, später sollten auch zwei seiner Söhne im Kampf gegen Kaperer aus Frankreich fallen.

Die holländischen Reeder schätzten zwar die seemännischen Qualitäten ihrer norddeutschen Kapitäne, sie machten sich in den feinen Kreisen der Hafenstädte aber auch ein wenig lustig über die bäuerliche Art der Nordfriesen. Der Schriftsteller Uwe Zacchi, ein Sohn des bekannten inselfriesischen Romanautors Ferdinand Zacchi, hat in seinem Buch über Föhr einen Vorfall mit dem Neffen des ›glücklichen Matthias‹, Peter Mathiesen, geschildert: »Mit Steuerrad und Harpune konnte er besser umgehen als mit dem Eßbesteck. Als er nach glücklich beendeter Reise bei seinem Reeder zum Essen eingeladen war, machten sich die Damen an der Tafel über seine Tischsitten lustig. Entrüstet quittierte der den Dienst, er wolle nicht für Reeder fahren, die ›nicht Manns genug seien, ihre Vrouwen und Meitjes Ordnung und Raison‹ zu lehren!«

Nicht alle die schmucken Grabsteine mit Segelschiff-Darstellungen galten Grönlandfahrern, auch als Kapitäne der Handelsschiffahrt waren die Inselfriesen gefragt (vgl. Abb. S. 132). Gegen Ende des 18. Jahrhunderts waren die Wale im Nordmeer fast ausgerottet, da zu viele Kaufleute rings um die Nordsee versucht hatten, bei der Waljagd mitzukassieren. Entsprechend viele Schiffe waren unterwegs, entsprechend mehr Wale wurden auch getötet. Aber weil die Inselfriesen sich als Navigatoren und Matrosen ein großes Renommee erdient hatten, waren sie auf den Handelsschiffen ebenso gesuchte Seeleute. Auch die Engländer, die Dänen und die Hansestädte heuerten gerne Nordfriesen an, einige Friesen brachten es sogar zu eigenen Schiffen.

Mit den Kauffahrtei-Schiffen änderte sich für die Inseln der Jahresrhythmus: Die Walfänger waren nur im Sommer unterwegs und im Winter wieder daheim gewesen, die Handelsschiffer fuhren hingegen unabhängig von den Jahreszeiten auf allen Weltmeeren. Ihre Fahrten waren nicht so regelmäßig und dauerten oft viel länger als die Walfangtouren, auch im Winter waren nun die Frauen oft allein. Einige Kapitäns- und Offiziersfrauen gingen allerdings hin und wieder mit ihren Männern auf große Fahrt. Das war damals kein geringes Abenteuer, nicht nur wegen der natürlichen Gefahren durch Sturm und Meer, sondern auch wegen der zunehmenden Piraterie. Kaperfahrer machten regelrecht Jagd auf die mit vermeintlich wertvollen Waren beladenen Schiffe. Aber nicht nur die Warenlager wurden von den Korsaren gierig ausgeräumt, auch alle tauglichen Männer, Frauen und Kinder wurden verschleppt, sei es, um sie gegen ein dickes Lösegeld einzutauschen, sei es, um sie als Sklaven im Orient zu verhökern.

Der bekannteste Fall ist der des Harck Olufs, dessen Grabstein im Ehrenwinkel des Friedhofs in Nebel von einem abenteuerlichen Leben erzählt: Harck Olufs wurde am 19. Juli 1708 auf Amrum geboren, 15 Jahre später auf See gekapert und an einen türkischen Fürsten verkauft. Vielleicht hatte der orientalische Herrscher schon von den sprichwörtlichen Rechenkünsten der Nordfriesen gehört, jedenfalls machte er seinen neuen Sklaven schon bald zu seinem Finanzverwalter, obendrein verdiente sich der junge Friese noch mancherlei Lorbeeren in der Streitmacht des Potentaten. Dieser zeigte sich dankbar: Nach zehnjähriger Sklaverei durfte Harck Olufs wieder auf seine Heimatinsel zurückkehren, reich beschenkt mit Schätzen. Die Dankesgaben beschäftigten die Insulaner verständlicherweise sehr, selbst über den Tod ihres berühmten Mitbürgers hinaus. Er sei, so heißt es bis heute, als Gespenst umgegangen, weil er verstorben sei, ohne seinen Erben erzählen zu können, wo er seine weltlichen Güter versteckt habe. So mancher brave Amrumer ging dem unruhigen Geist nächtens aus dem Weg, nur einer wagte es, das Phantom anzusprechen, ein Mann, der aus dem Wirtshaus kam und mit seinem Rauschkopf keine Scheu vor dem erschröcklichen Geist zeigte. Dem Zecher offenbarte sich Harck Olufs' arme Seele: All sein Gold und Silber habe er unter der Türschwelle seines Hauses verbuddelt. Der Schatz sei dort tatsächlich gefunden worden, danach habe der Geist des geachteten Mannes endlich die verdiente ewige Ruhe gefunden, erzählen die Amrumer ihren Badegästen beim abendlichen Bier und weisen, wie zur Bestätigung, in die Richtung des schmucken Olufs-Hauses, das immer noch in Nebel-Süddorf steht.

Doch die Zeit der prallgefüllten Schatztruhen sollte für die Insulaner schon bald wieder vorbei sein, Napoleon sei's geklagt. Der Franzosenkaiser hatte, um England in die Knie zu zwingen, eine ›Kontinentalsperre‹ für alle britischen Waren angeordnet. Ihr Ziel erreichte diese Blockade zwar nicht, aber sie brachte doch die Handelsschiffahrt vor Nordfriesland fast völlig zum Erliegen. Mehr noch – die Allianz Dänemarks mit Frankreich (nach dem englischen Überfall 1807 auf Kopenhagen) schädigte den dänischen Gesamtstaat schwer und schwächte ihn gegen neue Entwicklungen in Deutschland. In den Nachkriegsjahren, in der ersten Hälfte des 19. Jahrhunderts, entwickelte sich erstmals ein deutschnationalpolitischer Gedanke in Schleswig-Holstein. Er fand kurioserweise an der Universität Kiel seinen wirksamsten Widerhall, obwohl diese Hochschule vom dänischen Königshaus stark gefördert worden war. In der nun modischen nationalen Bewegung ging auch die Erinnerung an die zahlreichen Wohltaten und Reformen Kopenhagens (beispielsweise das Ende der bäuerlichen Leibeigenschaft) schnell verloren. Und obwohl es den Bürgern unter königlicher Herrschaft meist besser ergangen war als unter herzoglicher Führung, wurden die Dänen zunehmend als Okkupanten angesehen. Erstmals entstanden um die beiden Sprachen Deutsch und Dänisch herum politisch inspirierte Gruppen, und die ›nationale Frage‹ wurde zum zentralen Gesprächsthema.

Der Freiheitsheld von Sylt

Das Jahr 1830 markierte den ersten Höhepunkt in der Geschichte der deutsch-dänischen Gegensätze. In diesem Jahr veröffentlichte Uwe Jens Lornsen, der Landvogt auf Sylt, seine erste Schrift »Über das Verfassungswerk in Schleswig-Holstein«. Das Werk schlug ein wie eine Mörserkugel, mit ihm begannen die hitzigen Debatten in der Universitätsstadt Kiel und an den Stammtischen des Landes. Thema: Freiheit und Unabhängigkeit für Schleswig-Holstein. Lornsen, der vor diesem Ereignis lange Zeit in der Kopenhagener Regierungskanzlei für die südlichen Herzogtümer gearbeitet hatte, behielt sein Sylter Amt für zehn Tage. Aufgrund seiner aufrührerischen Schrift wurde er amtsentlassen und zu einem Jahr Festungshaft verurteilt. Lornsens Vergehen war es, für Schleswig-Holstein eine Repräsentativverfassung, die verwaltungsmäßige Trennung der Herzogtümer vom Königreich und die Änderung des dänischen ›Gesamtstaates‹ in einen Doppelstaat, in eine Staatenunion zu fordern.

Mit diesem Freiheitshelden spielt auch Sylt, heute die wichtigste Nordfrieseninsel, seine erste tragende Rolle in der Geschichte der Region. Uwe Jens Lornsen war am 18. November 1793 in Keitum geboren worden. »Dem Kopf eines freien Friesen«, schrieb der Inselchronist Henry Koehn, »ist der entscheidende Gedanke entsprungen, der später zur endgültigen Lostrennung der beiden Herzogtümer von Dänemark führte, die fortan eine politische Einheit mit Deutschland bildeten. Aus den Uthlanden also, die vom Geist der Freiheit beseelt waren, politisch selbst aber nie ein festes Gebilde geworden waren, wurde die Bewegung ausgelöst.«

Lornsen mußte nach Verbüßung seiner Haft ins Exil gehen, wenn er seine politische Arbeit fortsetzen wollte. Er reiste nach Brasilien, wo er sein Hauptwerk vollendete: »Die Unionsverfassung Dänemarks und Schleswig-Holsteins.« Später zog es ihn zurück nach Europa, in die Schweiz. Seine geliebte Heimat, die nordfriesischen Inseln, sollte er nie wiedersehen; im besten Mannesalter nahm er sich 1838 am Genfer See das Leben. Aber sein Werk trug Früchte, wenn es auch noch eines langen Weges bedurfte, bis Schleswig-Holstein wirklich frei sein sollte. Keitum hat seinem größten Sohn gleich drei Häuser als Denkmäler geschützt. Im Heimatmuseum, einem Bau von 1759, in dem Lornsens Mutter zur Welt kam, ist ihrem Sohn ein Zimmer voller Erinnerungsstücke eingerichtet worden. Im ›Lornsen-Haus‹ von 1785 wurde der friesische Nationalheld als Sohn eines Kapitäns geboren. Ein Gedenkstein steht neben dem Haus, die Inschrift endet mit der Zeile: »Unser Recht ist klar wie die Sonne!« Auch das ›Altfriesische Haus‹ von 1739, das zweite der Keitumer Museen, steht mit Lornsen in Verbindung; für die Einheimischen ist es das ›Uwen-Haus‹ und Peter Uwen, der Erbauer, war der Urgroßvater von Uwe Jens Lornsen. In diesem Haus hat im vergangenen Jahrhundert der bekannteste Inselchronist, C. P. Hansen, gelebt.

Hansen war ein Zeitzeuge der ›Schleswig-Holsteinischen Erhebung‹ im Jahr 1848. Obwohl der dänische König Friedrich VII. diesem Aufstand mit einem Verfassungsplan zuvorkommen wollte, der den Schleswigern und Holsteinern eine weitgehende nationale Identität sichern sollte, nahm die Rebellion ihren Lauf – eine Folge der Zeitströmung mit den 48er Revolten in Paris, Berlin und Wien. Im März bildete sich in den Herzogtümern eine provisorische Regierung, die sich gegen die Inkorporierung Schleswigs nach Dänemark auflehnt. Die Revolutionsregierung wurde zwar in Berlin und auch bei der in Frankfurt tagenden Nationalversammlung anerkannt, aber an weiterer Unterstützung sollte es in der Folge fehlen, obwohl in der allgemein aufgeheizten politischen Atmosphäre die Zukunft Schleswig-Holsteins zum beherrschenden politischen Thema in Deutschland wurde.

Zwischen Dänemark und Schleswig-Holstein kam es zum Krieg, in den preußische Soldaten und Truppen des deutschen Bundes nur halbherzig eingriffen. Im August desselben Jahres wurde in Malmö ein Waffenstillstand mit der Einsetzung einer gemeinsamen Regierung vereinbart, bei den Verhandlungen für den Malmöer Vertrag demonstrierte das deutsche Parlament in der Frankfurter Paulskirche unfreiwillig seine Ohnmacht. Dänemark nutzte wenig später die deutsche Schwäche und kündigte den Waffenstillstand wieder auf.

Nordfriesisches Bauernhaus

Im nun erneut beginnenden Krieg erzielten die deutschen ›Reichstruppen‹ zwar einige Anfangserfolge, aber recht bald schon wendeten sich die Kriegserfolge zugunsten Dänemarks. Auch in den Uthlanden wurde gekämpft: 1849 besetzten die Dänen Sylt, wichen wenige Wochen später zurück, als schleswig-holsteinische Kanonenboote auf List zuliefen, kehrten aber 1850 zurück. Kurz darauf landeten die Dänen, von Sylt her übersetzend, auch auf Föhr. Im September kam es bei Amrum zu Seegefechten zwischen dänischen und schleswig-holsteinischen Schiffen, diese vierte Seeschlacht im Wattenmeer ging ohne Sieger und Verlierer aus. Alle Kriegshandlungen fanden ein Ende, als 1852 in London ein Protokoll aufgesetzt wurde, das Kopenhagen wieder zum unbestrittenen Herren in den Herzogtümern machte und die dänische Thronfolge auch auf Schleswig-Holstein ausdehnte. Für die Bewohner der beiden Herzogtümer war es nur ein schwacher Trost, daß dem dänischen König die totale Einverleibung der beiden Herzogtümer in sein Reich untersagt worden war.

So war es nicht verwunderlich, daß die Streitigkeiten zwischen deutschen und dänischen ›Volksgruppen‹ trotz dieses Arrangements weiter schwelten, ja, sich sogar allmählich verschärften. Folglich kam es bereits 1864 erneut zum Krieg, den diesmal Schleswig-Holstein dank preußischer und österreichischer Waffenhilfe für sich entscheiden konnte. Kriegsentscheidend wurde 1864 die Erstürmung der Düppeler Schanzen bei Sonderburg. Noch im selben Jahr sollte es auch zur letzten Seeschlacht im Wattenmeer kommen: Von Cuxhaven kommende Marineverbände der Österreicher und Preußen stießen auf eine dänische Flotte, die vor Föhr operierte, es gelang ihnen, die Dänen im Watt einzukreisen und die Besatzungen der Schiffe zur Aufgabe zu zwingen. Aber nicht nur im Meer, sondern auch auf den Inseln erlebten die Uthländer den Krieg: Im Juli 1864 landeten Österreicher und Preußen auf Sylt, Föhr, Amrum, Langeneß und Gröde.

Schleswig-Holstein wird preußische Provinz

Im ›Wiener Frieden‹ vom 30. Oktober 1864 verzichtete Dänemark zugunsten Preußens und Österreichs auf die Herzogtümer. Wien und Berlin beschlossen darauf, ihre Kriegsbeute gemeinsam zu verwalten, was schnell zu ausdauernden Reibereien zwischen den einstigen Alliierten führte. Es blieb nicht bei Wortgefechten: 1866 gingen die Waffengefährten von einst mit Kanonen und Bataillonen aufeinander los. Preußen obsiegte. Deshalb mußte der Kaiser von Österreich am 23. August 1866 im ›Frieden von Prag‹ seine Ansprüche auf Schleswig-Holstein abtreten an den König von Preußen, dies allerdings mit der Maßgabe, daß die Bevölkerung der nördlichen Gebiete in einer Abstimmung darüber entscheiden könne, ob sie lieber zu Dänemark gehören wolle. Es sollten mehr als ein Jahrhundert und ein Weltkrieg vergehen, ehe diese Vertragsvereinbarung erfüllt wurde.

Vorerst geschah anderes: 1867 wurde Schleswig-Holstein eine preußische Provinz. So hatten sich die Schleswiger und die Holsteiner die Freiheit wahrlich nicht vorgestellt. Sie hatten immer einen eigenständigen Bundesstaat im Deutschen Reich im Sinn, als sie für Unabhängigkeit fochten. Nun waren sie auf einmal in das starre Korsett preußischer Staatsraison gezwängt. Mochten auch offizielle Sprüche, wie sie am Glockenturm von Wyk eingemeißelt sind, von Hurra-Patriotismus künden, so hielt sich doch die Begeisterung für die neuen Herren sehr in Grenzen. Unter preußischer Verwaltung stiegen nicht nur die Steuern, wurden nicht nur die Bedingungen für die seemännische Ausbildung verschärft, auch die bislang gewährten Freiheiten und Privilegien wurden kurzerhand kassiert. Vor allem die jetzt von ihnen verlangte Wehrpflicht verärgerte die Friesen.

Ein Gutes hatte das neue Regime aber doch. Der Staat übernahm nun weitgehend die Kosten für den Deichbau und den Deichunterhalt. Die Anlieger mußten allerdings noch in begrenztem Umfang Hand- und Spanndienste leisten. Zuvor hatten im 17. und im 18. Jahrhundert zwar die jeweiligen Regierungen schon die Deich-Aufsicht an sich gezogen, sie beteiligten sich aber finanziell nicht an den Kosten, sieht man von einigen Extra-Zahlungen und Steuernachlässen nach Sturmflutkatastrophen einmal ab. Daß der Staat den Küstenschutz mit allen Kosten übernahm, ist eine relativ junge Entscheidung. Erst 1971 trat ein Gesetz in Kraft, das die (in der Praxis schon länger geübte) Übernahme aller Lasten durch die Staatskasse regelte und den Küstenschutz zur öffentlich-rechtlichen Aufgabe erklärte. Seither ist das Amt für Land- und Wasserwirtschaft (ALW) in Husum für alle Deichbelange zuständig; die Behörde ist heute der größte Arbeitgeber in den Uthlanden.

Schon die Deichkosten-Entscheidung der preußischen Regierung war bedingt durch die Einsicht, daß der Erhalt der Inseln und Halligen eine Küstenschutzmaßnahme für das Festland ist und daß die vorgelagerten Landschaften als Wellenbrecher dienen. Aber die finanziellen Entlastungen beim Deichbau glichen für viele Insulaner nicht die neuen zusätzlichen Lasten und Bürden aus. Die Entlastungen waren vornehmlich für Bauern und sonstige Landbesitzer vorteilhaft; da die Landwirtschaft aber, wie bereits erwähnt, auf den Geestinseln nicht besonders hoch im Kurs stand, war hier die Freude über die neuen Deichregelungen gering. Der Ärger über die höheren Steuern, die verschärfte Ausbildungsordnung für Seeleute und die Militärdienstpflicht war dafür auf Sylt, Amrum und Föhr besonders groß, ähnliches galt für die Halligen, wo sich auch die Mehrzahl der Männer in der Schiffahrt verdingt hatte. Auf den Geestinseln und Halligen kam überdies erschwerend hinzu, daß nach Abklingen der Walfang- und der Handelsschiffahrt der Wohlstand zerronnen war. Auf den Inseln der fetten Marsch, den ›Bauerninseln‹ Nordstrand und Pellworm, spielte das Ende der Seefahrt eine weitaus geringere Rolle.

Aber auf den Halligen und Geestinseln setzte deshalb mit Beginn der Preußenherrschaft eine gewaltige Auswanderungswelle ein, vor allem auf den Schwesterinseln Amrum und Föhr. Hier gingen in jenen Jahren gut 50 Prozent aller Bewohner nach Übersee. Der Anteil der jungen Männer an dieser Emigration war sogar noch deutlich höher, weil sie neben Not und Arbeitslosigkeit auch noch den Militärdienst zu fürchten hatten.

Die Möglichkeit auszuwandern galt bereits seit Mitte des Jahrhunderts als eine echte Alternative, nachdem einige Inselfriesen dem Lockruf des Goldes nach Australien und Kalifornien gefolgt waren. Ihre Briefe in die Heimat zeugten von Ruhm und Erfolg in der Neuen Welt, die Erfolglosen haben wohl kaum geschrieben. Amerika wurde nun, unter preußischem Druck, vollends zum Dorado der Insulaner. Ein eigener Raum im ›Friesenmuseum‹ in Wyk auf Föhr legt ein beredtes Zeugnis ab von jener Epoche und von den heute noch wirkenden Verbindungen über den Nordatlantik hinweg. Diese Verbindungen rissen nie ab, weil auch in unserem Jahrhundert noch zwei Auswanderungswellen weitere Inselfriesen in die Vereinigten Staaten trugen, jeweils nach den Weltkriegs-Niederlagen. Dabei ging es damals den Uthländern relativ gut, dank der Care-Pakete von den Verwandten jenseits des ›großen Teichs‹. Bei den Auswanderungswellen des 20. Jahrhunderts zog es die meisten Föhrer und Amrumer nach New York (wo sie heute noch einen eigenen Heimatverein unterhalten) und nach Kalifornien, in die Umgebung von San Francisco.

In der Bay Area, in der Kleinstadt Petaluma, leben nach Schätzung des Föhrer Schriftstellers Uwe Zacchi nebst New York die meisten Föhrer – mehr als auf der Heimatinsel im Watt. Der Autor blickte zurück: »Zu meinen Kindheitserinnerungen gehören die Bilder der Verwandten aus Amerika an den Wänden und in den Alben, die Besuche derer, die als ›gemachter Mann‹ zurückkehrten . . .« Zacchi setzte sich in den Jet und flog nach Petaluma. Er, der engagierte Heimatschriftsteller, berichtete: »Man muß den konstanten Schönwetter-Charakter Kaliforniens erlebt haben, dazu die schöne kühle Seebrise am Abend – um die bedenklichen Blicke der Oldcountry-Besucher zum regenschweren Nordsee-Himmel zu verstehen.« Zacchi kehrte aber zurück auf sein Land unter regenschwerem Himmel, einem anderen Zauber folgend, dem der einzigartigen nordfriesischen Inseln.

Dort hatte sich die Bevölkerung damals überraschend schnell mit der neuen preußischen Verwaltung arrangiert. Die Grundstimmung wandelte sich. Im aufwallenden Patriotismus der Reichsgründung und des Krieges 1870/71 akzeptierten die Nordfriesen die Regierung in Berlin, auch wenn der ›Strandgang‹, das nicht ganz legale Einsammeln von Standgut, dank preußischer Neuerungen noch weniger ertragreich geworden war. Zum einen setzte die Verwaltung die (schon in dänischer Zeit begonnene) Verbesserung der Seezeichen mit neuartigen Markierungen und Leuchtfeuern konsequent fort, zum anderen drückte Bismarck gegen alle Widerstände den Bau des Nordostseekanals durch. Ersteres verminderte die im Dampfschiff-Zeitalter ohnehin geringere Gefahr einer Strandung, zweites zog viel Verkehr ab von der nordfriesischen Küste, da die Schiffe nun nicht mehr um Jütland herumfahren mußten, wenn sie in die Ostsee gelangen wollten. Allerdings profitierte Nordfriesland auch vom allgemeinen wirtschaftlichen Aufschwung jener Jahre, der bis zum Ersten Weltkrieg anhielt.

Dänisch oder deutsch: Volksabstimmung von 1920

Das beherrschende politische Thema der Region war aber immer noch die ›Nordschleswigfrage‹. Der starke dänische Bevölkerungsanteil im Norden der preußischen Provinz pochte auf die – inzwischen politisch umstrittene – Zusicherung, sich in freier Wahl für Dänemark oder Deutschland entscheiden zu können. Insbesondere im Krieg 70/71 verweigerten viele Dänen unter preußischer Herrschaft den Waffendienst. Auch um den Schul- und Sprachunterricht gab es heftige Auseinandersetzungen. Insgesamt betrieben die nordschleswigschen Dänen eine stramme Opposition gegen Berlin. Unablässig forderten sie »Selbstbestimmung im Sinne des Völkerrechts«. Erst als Deutschland 1918 unterlegen und das Kaiserreich beendet war, gestand die deutsche Regierung unter internationalem Druck eine Volksabstimmung im strittigen Grenzgebiet zu; sie wurde 1919 im Versailler Vertrag festgeschrieben.

Die Abstimmung fand schließlich im Februar und März 1920 in zwei Etappen statt, nachdem eine ›Internationale Kommission‹ unter dem Schutz britischer und französischer Truppen übergangsweise die Verwaltung in den beiden strittigen Zonen übernommen hatte. In der Zone 1 (nördlich der heutigen Staatsgrenze) stimmten fast drei Viertel aller Bewohner für Dänemark; von den Inseln war nur Röm (dänisch: Rømø) betroffen. Die Abstimmung in der

Zone 2 wenige Wochen später versprach spannender zu werden. Die erste Meldung kam an jenem 14. März aus der Gemeinde Goting auf Föhr: Eine knappe Mehrheit für den Anschluß an Dänemark! Doch die nun aufkeimenden Hoffnungen der Dänen wurden bitter enttäuscht. Rund achtzig Prozent aller Wahlberechtigten votierten für Deutschland. Auch auf den Inseln und Halligen gab es klare deutsche Mehrheiten. Die einzigen Gebiete dieser zweiten Zone mit einer geringen dänischen Mehrheit waren drei Dörfer im Westteil von Föhr, der stets dänisch gewesen war. Aber auch diese Dörfer kamen nun unter die deutsche Flagge.

Nach den Abstimmungen beruhigten sich die Gemüter bald wieder, trotz der nationalen Minderheiten, die beiderseits der neuen Grenze verblieben waren. Die traditionell guten und freundschaftlichen Beziehungen zwischen Dänen und Norddeutschen wären wohl auch schnell völlig restauriert worden, hätte es nicht die Machtergreifung der Nationalsozialisten gegeben. Die totalitäre Partei erzielte in den wirtschaftlich schwachen Geestregionen sogar Dreiviertelmehrheiten, Wahlergebnisse, die im freien Nachbarstaat auf mehr denn Skepsis stießen. Zwischen Dänemark und der deutschen Diktatur kam es zu unüberbrückbaren Gegensätzen, schon bevor die Wehrmacht in dem kleinen skandinavischen Staat einmarschierte.

Vom Zweiten Weltkrieg wurden die nordfriesischen Inseln nur indirekt betroffen, aber die Not der Nachkriegsjahre erlitten sie wie alle Teile Deutschlands, wenn man einmal von den Hilfssendungen der Friesen in Amerika absieht. Der Krieg hatte auch alte Wunden wieder aufgerissen, in den Nachkriegsjahren flammte folglich der unselige Streit zwischen deutschen und dänischen Nationalgruppen in Schleswig-Holstein für ein paar Jahre lang wieder auf. Auf den Inseln und an der Westküste, selbst im dänisch gesinnten Teil Föhrs, spielte allerdings diese Streitfrage kaum noch eine Rolle. Das Interesse galt jetzt neuen Deichen.

Dämme, Deiche und Verbindungen zum Festland

Seit Beginn des 20. Jahrhunderts waren einige Deiche und Köge neu entstanden, größtenteils an der Festlandsküste. 1924 wurde die Pohnshallig zwischen dem Festland und Nordstrand durch einen nach ihr benannten Koog bei Nordstrand eingemeindet. 1935 entstanden zwei kleinere Köge an Amrums Wattenküste, ein Jahr darauf wurde auf Sylt das Rantum-Becken eingedeicht, aber nicht trockengelegt, da es als Wasserflughafen dienen sollte, heute ist es ein Vogelschutzreservat. 1937 kam an der Sylter Küste zwischen dem Rantum-Becken und Morsum dank eines Schutzdeiches ein schmaler Koog hinzu. Auf Pellworm entstand schließlich 1938 der Buphever–Koog an der Nordostspitze der Insel.

Zwei für das Wattenmeer nicht minder wichtige Bauwerke entstanden in derselben Epoche, zwei Dämme nach dem Vorbild des bereits 1869 aufgeschütteten niedrigen Damms vom Festland nach den Halligen Oland und Langeneß. Dieser bei hohen Fluten überspülte Damm, über dessen Gleis ansonsten die Loren des ›Hallig-Express‹ rattern, diente weniger zur Versorgung der Halligen denn als Schutzmaßnahme, damit sich die Meeresströme nicht durch den darunterliegenden Schlicksockel hindurchfressen konnten.

Der berühmteste Damm des Wattenmeers, der Hindenburgdamm zwischen Sylt und dem Festland, hatte von vornherein Versorgungsaufgaben zu übernehmen, deshalb sollte er auch bei Hochflut passierbar bleiben. Der Damm hat eine mehr als hundertjährige Geschichte, auch wenn erst seit 1927 Züge über ihn hinwegrollen. Aber bereits Mitte des vergangenen Jahrhunderts forderten Sylter Bürger eine feste Verbindung ihrer Insel mit dem ›Kontinent‹, eine Forderung, die sich mit Gründung des Seebades Westerland noch verstärkte. Entscheidend war aber die Abstimmung über die politische Zukunft Nordschleswigs. Sylt hatte zwar für Deutschland gestimmt, aber die Bewohner von Hoyer, dem Ausgangshafen für die Überfahrt nach Sylt, hatten für Dänemark ihre Stimme abgegeben. Deshalb mußten die Badegäste in verplombten Wagen bis nach Hoyer reisen, wollten sie nicht die lange Seereise von Hamburg aus antreten. Die deutsche Regierung belohnte die patriotischen Sylter und gab grünes Licht für den Baubeginn; 1921 begannen die Vorarbeiten. Sechs Jahre später war das Werk bereits vollendet, trotz einer überraschenden Sturmflut, die zwischenzeitlich alle Baufortschritte zunichte gemacht hatte. Am 1. Juni 1927 konnte der Husumer Regierungsbaurat Dr. Pfeiffer mit seinen Ingenieuren und Bauhelfern den ersten Zug erwarten. Ein großes Werk war geschaffen, nach einer schweren Zeit, die von der Sylter Schriftstellerin Margarete Boie in ihrem Epos »Dammbau« romanhaft nacherzählt wurde.

Reichspräsident Hindenburg war der Ehrengast der ersten Fahrt über den 11,2 Kilometer langen Steg durch das Meer, kurz nach 11 Uhr vormittags kam die Dampflok schnaufend im nagelneuen Bahnhof von Westerland zum Stillstand. Noch war der Damm ohne Namen. Erst beim Festbankett schlug Reichsbahn-Generaldirektor Dr. Dorpmüller den Präsidenten als Paten vor, Hindenburg nahm die Ehrung huldvoll an. Es war die Stunde gewaltiger Worte, der oberste Eisenbahner bemühte die ganze Nation in seiner Laudatio auf den Damm: »Gefügt aus Pfählen und Stämmen, die in deutschen Wäldern von Märkern und Ostpreußen geschlagen, aufgefüllt mit Boden, ins heimische Meer und seine Gestade durch seine Anwohner gebaggert, geschützt von Steinwerk, das am Rhein, im Odenwald und Harz gebrochen, belebt mit Schienensträngen, die das kernige Westfalen geschaffen, so steht das große Bauwerk nun vor uns allen als gemeinsame Tat deutscher Volksstämme zu Nutz und Frommen des schleswigschen Grenzvolks.« Der Eisenbahnchef hatte Grund zur Freude. Die Strecke durch das Watt sollte schon bald eine der profitabelsten im deutschen Schienennetz werden – sie ist es heute noch. Allein in den drei Sommermonaten der Hauptsaison transportiert die Bahn rund 400 000 Autos übers Meer. Kein Wunder, daß heute die Bundesbahn wie einst die Reichsbahn keinen Autodamm neben ihrer Trasse duldet. Das Monopol ist vertraglich gesichert, der Damm ist Bahneigentum, erkauft mit einer achtzigprozentigen Kostenübernahme während der Bauzeit. Selten hat die Bahn ihr Geld besser angelegt.

Der Hindenburgdamm bewies aber auch, daß das Meer im Watt sofort auf Eingriffe des Menschen eigenwillig und nicht gänzlich vorausberechenbar reagiert. Der neue Damm diente und dient bis heute zwar auch zur Landgewinnung, wie es vorausgeplant war. Aber er sorgte auch für unerwünschte Landverluste. Anfangs sah die Bilanz nur positiv aus: Bereits zwei Jahre nach Baubeginn konnten 1925 zwei Köge am Festlandsanschluß des Dammes geschlossen werden, und 1954 entstand an derselben Stelle der große Friedrich-Wilhelm-Lübke-Koog (nach dem damaligen schleswig-holsteinischen Ministerpräsidenten benannt), das erste bedeutende Küstenbauwerk nach dem Krieg. Aber andererseits wurde der Tidenstrom, der zuvor an Sylts Wattenküste vorbeifließen konnte, aufgestaut, mit dieser Kraft trug er nun Land ab auf Sylts Ostseite. Mit Deichen versuchte man dieser unerwünschten Entwicklung entgegenzuwirken; immer noch gibt es Diskussionen, ob man eine Flutbrücke in den Damm einbauen soll oder gar ein (mutmaßlich unwirtschaftliches) kleines Gezeitenkraftwerk. Wahrscheinlich wird es aber beim gegenwärtigen Zustand bleiben, da Reparaturen an der Wattenküste billiger sind als umfangreiche und in ihren Auswirkungen ungewisse Ingenieurbauten am Damm.

Ganz anders sieht die Situation aus am jüngsten Wall des Wattenmeers, dem vom Festland nach Nordstrand. Er sollte von vornherein nicht nur als Verkehrsdeich die Insel erschließen, sondern auch für großräumigen Landgewinn sorgen. Beide Rechnungen sind voll aufgegangen, und der flüchtige Beobachter merkt heute schon nicht mehr, daß er auf eine Insel kommt, weil beiderseits des 1933 fertiggestellten Damms bereits soviel Land angewachsen ist. Nordstrand scheint, ähnlich wie die kleinere Hamburger Hallig, ein Stück des Festlands zu sein, eine weit in die See hinausragende Halbinsel.

Durch diese sturmflutsichere Verbindung nach Nordstrand wurde auch der Insel Pellworm geholfen, weil ihre Versorgungsschiffe nun nicht mehr quer durchs Watt tuckern müssen. Die Lastwagen (und die Touristenautos) können jetzt schnell bis zum Hafen Strucklahnungshörn am seeseitigen Ende Nordstrands fahren und dort auf die Fähren zur kurzen Überfahrt nach Pellworm rollen. Pellworm selbst soll auch noch einen Sicherungsdamm zum Festland erhalten. Das niedrige Bauwerk wird aber bei Hochflut überspült, dient also nicht zu Verkehrszwecken. Seine Aufgabe wird es, zu verhindern, daß Nordhever und Süderaue, die beiden tiefen Meeresströme dieses Gebietes, noch mehr Land im Watt abtragen, als sie es bislang bereits taten.

Der Pellwormer Damm ist umstritten wie praktisch jedes Bauwerk im Wattenmeer. Aber waren es bislang nur wirtschaftlich widerstreitende Interessen, an denen sich derlei Debatten entzündeten, so ist seit einigen Jahren mit den Natur- und Umweltschützern eine neue, überaus aktive Interessengruppe hinzugekommen. Das zeigte sich in den – sowohl vor Gericht wie auch außergerichtlich – überaus hart geführten Auseinandersetzungen über die Eindeichung der Nordstrander Bucht und über die Einrichtung des Nationalparks Wattenmeer, soweit dieser das nordfriesische Archipel betrifft.

Bei der Eindeichung der Nordstrander Bucht standen mehrere Modelle zur Wahl, vom Verzicht auf jegliche Neubauten bis zur ›großen Lösung‹; entschieden wurde 1976 trotz wütender Proteste zugunsten der ›kleinen Lösung‹ mit 3310 statt 5700 Hektar Koogfläche. Die Bauarbeiten konnten wegen anhaltender rechtlicher Verfahren erst 1983 beginnen, sie werden fast bis zum Jahrhundertende andauern. Ein Deich wird künftig von der Nordspitze Nordstrands schräg durch das Watt zum Hauke-Haien-Koog verlaufen und Nordstrand damit endgültig zur Halbinsel machen. Aber das war nicht das Hauptziel dieser Anstrengungen, auch nicht die Wiedergewinnung von Land, das im Mittelalter ein Raub der See wurde – wichtiger ist die Verbesserung des Küstenschutzes, gerade im Hinblick auf die weiter ansteigende Nordsee. Der neue, gut 16 Kilometer lange Deich verkürzt in diesem Küstenabschnitt die Strecke der Bollwerke gegen die Fluten um mehr als 12 Kilometer.

Die Naturschützer, unter ihnen zahlreiche Insulaner, befürchten, daß dadurch weitere große Flächen der einzigartigen Wattlandschaft für seltene Tiere und Pflanzen verlorengehen. Nur teilweise ließen sie sich überzeugen von einem Kompromißangebot, das den meisten Umweltschutzgruppen nicht weit genug geht: Teilgebiete im Neuland hinter dem künftigen Nordstrander Deich sollen regelmäßig geflutet werden, um sie als Salzwiesen zu erhalten.

Nationalpark Wattenmeer

Weitaus komplizierter waren die Kämpfe um den Nationalpark in Nordfriesland, weil hier neben lokalen, wirtschaftlichen und naturschützerischen Interessen auch jene der großen Politik mit hineinspielten. Die Menschen im Watt – jahrhundertelang an den nimmer endenen Kampf mit dem ›blanken Hans‹ gewöhnt und vom Wechsel zwischen Ebbe und Flut geprägt – sahen sich auf einmal in ein ungewohntes Kräfteparallelogramm gespannt. Naturschutz und Politik, Tourismus und Küstenschutz hießen seine Eckpunkte. Der absolute Vorrang des Küstenschutzes, ein Credo für Jahrhunderte, sollte nun mit den Plänen für einen Nationalpark hinter die Erfordernisse des Umweltschutzes zurücktreten – für die Uthländer ein lebensgefährlicher Plan. Hieß es nicht immer, Küste und Menschenleben müßten um jeden Preis geschützt werden? Dieses eherne Gesetz werde nun, so meinten die Wattbewohner zum Höhepunkt der Debatte in den Jahren 1984/85, der Profilierungssucht von Politikern und dem Eifer ortsunkundiger Ökologen geopfert. Mochte die Regierung auch widersprechen und den Primat des Küstenschutzes betonen, die Uthländer glaubten es nicht. Sie verstanden nicht, weshalb man ihnen nicht mehr zutraute, eine Natur zu schützen, die nur schützenswert war, weil ihre Bewohner sie seit Menschengedenken unter Strapazen und mit geringem materiellen Gewinn so erhalten haben.

Seit langem galt aber die Forderung, dieses rare Stück Schöpfung zu bewahren. Eine Reihe von Naturschutzverordnungen hatte bislang diese Aufgabe erfüllt, im Nationalpark sollte das gesamte Küstengebiet in drei Zonen aufgeteilt werden, ausgenommen die bewohnten Landflächen, also die Inseln und Halligen. Die Zone 1, als ›Tabuzone‹ bekannt, umfaßt gut 30 Prozent der 285000 Hektar Gesamtfläche und soll von nahezu jeder Nutzung ausgeschlossen sein, also auch von Wattbewohnern und Touristen nicht betreten werden. Hier liegen beispielsweise die Brutplätze der Seevögel und die Seehundbänke, Ausnahmegenehmigungen sollen hier nur für Fischer erteilt werden. In der Zone 2 darf wie bisher gefischt, gebadet oder gejagt werden, für die Zone 3 gibt es Geschwindigkeitsbegrenzungen für durchfahrende Schiffe und Einschränkungen beim Bodenschatzabbau. Aber die Inkonsequenzen dieses Gesetzes, das beispielsweise in der Tabuzone (bei der Vogelinsel Trischen) eine Erdölförderung und im gesamten Watt militärische Manöverübungen erlaubt, ließen die Insulaner an den Motiven und Absichten der Landesregierung zweifeln. Auch die Naturschützer waren nicht zufrieden mit dem Kompromiß, wenn auch aus anderen Gründen als die Insel- und Halligbewohner.

Die Insulaner plagte die Angst, nicht mehr Herren ihres eigenen Landes zu sein, und diese Angst hatte zumindest aus ihrer Sicht einen realen Hintergrund. Das Stichwort ›Ringelgans‹ diente dazu als Beispiel. Die Ringelgans, ohne Zweifel einst bedroht und heute noch schutzwürdig, ist für die fragile Landwirtschaft im Watt wie eine biblische Plage. Wo die Gans, deren Population heute auf 200000 Tiere geschätzt wird, in großen Schwärmen niedergeht, ist nach Auskunft der Halligbauern das Weideland bedroht. Wohl nicht grundlos gibt es in solchen Fällen eine Entschädigung aus öffentlichen Kassen. Doch der Schaden läßt sich kaum mit Geld aufwiegen, weil der Gänsekot bei fehlendem Regen den Boden ›verbrennt‹. Diesen Boden können Erosion und Flut mühelos aushöhlen, das Meer holt sich langsam das Land. Für Menschen, die stets ihr Land vor der See schützten, ist das ein Erzübel. Sie wissen eben, daß Halligflächen und Salzwiesen im Deichvorland beweidet werden müssen. Die Kühe halten die Wiesen, die Schafe das Deichgras niedrig. So entsteht eine feste Schutzschicht über dem gefährdeten Erdreich. Das aber ignorierten viele der Naturschützer, die einen ›naturbelassenen‹ Zustand forderten und die Landwirtschaft aus dem Paradies ihrer Träume verbannt sehen wollten.

Nordsee im Winter. Nach einer Zeichnung von A. Julius. Um 1883

Als das Gesetz für den Nationalpark 1985 in Kraft trat, war es ein Kompromiß, der niemanden befriedigte, aber langfristig doch Chancen für einen Schutz dieser empfindlichen Landschaft bietet, ohne daß der Schutz der dort lebenden Menschen vernachlässigt wird. Offen ist noch, wie sich die Einrichtung des Nationalparks auf den Fremdenverkehr auswirkt; die Befürchtung, es werde zu einem Anschwellen der Besucherzahlen kommen, wird sich erst in einigen Jahren überprüfen lassen. Die Tourismuswirtschaft hat in den hitzigen Diskussionen vor Verabschiedung des Nationalpark-Gesetzes übrigens einen interessanten Standpunkt eingenommen: Sie plädierte gegen einen weiteren Ausbau der Fremdenverkehrseinrichtungen im Watt, forderte aber statt dessen neue Ferienanlagen und Gästebetten außerhalb des Wattenmeers, auf dem Festland. Der Grund: Die ökologisch vertretbaren Kapazitäten im Watt waren nach Meinung der Touristikexperten erreicht, mehr Herbergen sollten auf den Inseln und Halligen nicht gebaut werden, zusätzliche Tagestouren in das amphibische Land möglichst vermieden werden. Das machte seinerzeit Schlagzeilen, aber das gibt es ja auch nicht alle Tage, daß Touristiker sagen: Genug jetzt, hier hat der Tourismus seine Grenze erreicht.

Baden im Meer: eine Idee aus England

Daß die Fremdenverkehrsorganisationen des Landes, des Landkreises, der Inseln und der Halligen in den Auseinandersetzungen um die Nationalpark-Gesetzgebung unter den Wortführern waren, bewies auch, welche Bedeutung heute der Tourismus für das nordfriesische Archipel hat. Angesichts dessen erscheint es fast unglaublich, daß noch in den fünfziger Jahren auf Nordstrand und den Halligen die wenigen Feriengäste und Sommerfrischler bestaunte und mitunter argwöhnisch beobachtete Exoten waren. Dabei hatte der Fremdenverkehr in den Uthlanden bereits gut 130 Jahre zuvor begonnen, nicht am Hof der ›Königin der Nordsee‹ (so ein Werbeslogan für Sylt), sondern auf der eher braven

Familieninsel Föhr. Allerdings kann Föhr eine wirkliche Königsfamilie vorweisen.

Ohne diese Majestäten wäre die Entwicklung der abgelegenen Eilande im Wattenschlick zu beliebten Urlaubs- und Kurorten wohl kaum so schnell verlaufen, obwohl die Föhrer eines der ersten Seebäder Deutschlands ihr eigen nennen konnten. Den Anfang machte 1819 der Gerichtsvogt von Wyk, der vorschlug, in der Bucht (Wyk ist das germanische Wort für Bucht) ein Seebad zu etablieren – eine willkommene Anregung angesichts der ausbleibenden Einkünfte aus der Seefahrt. Die Aktien für die neue Badegesellschaft waren schnell verkauft, und es reisten auch Badegäste an aufgrund der Zeitungsartikel und -annoncen.

Dabei fand die neumodische, aus England übernommene Idee, im Meer zu baden, nicht überall Verständnis oder gar Zustimmung, weder bei den Meinungsmachern jener Tage noch bei den Küstenbewohnern. Dichterfürst Goethe hatte beispielsweise die Planscherei außerhalb eines Badehauses oder des heimischen Zubers als »eine Verrücktheit der Enthusiasten für den Naturzustand« verdammt. Die Föhrer konnten derlei Naturbegeisterung auch nicht recht verstehen. Sie gingen zwar zum Zweck des Broterwerbs auf das Meer, aber doch nicht hinein, es sei denn unfreiwillig, wenn man über Bord gefallen war. Aber neben der natürlichen Abneigung der Wattbewohner gegen dieses für sie bedrohliche Element gab es selbstverständlich auch noch die sittliche Scheu des guten Christenmenschen, nahezu entblößt ins helle Licht des Tages zu treten.

Die Badetrachten jener Tage, die von der Wade bis zum Halsansatz reichten, galten selbstredend als frivole Dessous. Sie vor den Augen des anderen Geschlechts zu verbergen war das Hauptanliegen all der drakonischen Badeordnungen, die in dieser Zeit erlassen wurden. So setzte das neue Seebad Wyk erst genaue Stunden fest, zu denen Damen respektive Herren in die Fluten steigen durften, später änderte man das und etablierte das mit Warnschildern umzingelte ›Damenbad‹ an einem ferneren Strandabschnitt. Manch männlicher Kurgast soll trotz der warnenden Hinweise unweit dieser Stätte beim Hantieren mit seinem ›Perspektiv‹ beobachtet worden sein – Erforscher des Vogelflugs oder wißbegierige Jünger der Meereskunde müssen das wohl gewesen sein . . .

Indes bedurfte es mehr der Phantasie als des Fernglases, um bei der Betrachtung dieser Badefreuden lustvolle Ansichten zu gewinnen. Dafür sorgten schon die Badekarren, wie der Nachbau zeigt, der sommers am Hafen von Wyk steht. Derartige Karren wurden einst von einem möglichst halbblinden, alten und Anfechtungen nicht mehr ausgesetzten Fuhrmann und seinem Pferd in die flache See hinausgetreckt. Dann zogen sich Pferd und Fuhrmann pflichtschuldig zurück, bis eine am Badekarren gehißte rote Flagge sie wieder herbeirief. Die Badesüchtigen, die im Inneren der Karren in ihre Schwimmkostüme stiegen, öffneten die zur See führende Tür und ließen flugs die Jalousien herunter, die sie vor neugierigen Seitenblicken abschirmten. So gesichert stiegen darob die Venustöchter über ein kleines Treppchen in die salzigen Fluten hinab, die Hände fest am Halteseil. »Wer untertauchen will«, schrieb der kränkliche Göttinger Physiker Georg Christoph Lichtenberg nach einem Badeurlaub in England, »hält den Strick fest und fällt auf ein Knie, wie die Soldaten beim Feuern im ersten Glied, steigt alsdann herauf, kleidet sich bei der Rückreise an usw. Nach meinem Gefühl war es durchaus hinreichend, drei- bis viermal kurz hintereinander im ersten Glied zu feuern.«

Derlei Sommervergnügen war nicht jedermanns Sache, aber immerhin: Die Zahl der Besucher stieg, und mancher Wyker verdiente sich ein stattliches Zubrot mit der guten Stube, die er sommers an die spinnerten Meerhüpfer vermietete. Doch die Erträge der Gesellschaft »Das Wilhelminenbad« blieben noch mager, in manchen Jahren mußten sogar rote Zahlen in die Bücher eingetragen werden.

Der Aufschwung des Tourismus

All das änderte sich schlagartig, als 1842 der dänische König Christian VII. zum Urlaub in den Süden seines Reiches kam. Dem leutseligen Monarchen gefiel es in Wyk so gut, daß er bei der Abreise gleich eine weitere Visite für das folgende Jahr ankündigte. Und dabei blieb es bis 1847 (zum Bedauern Föhrs starb Christian 1848). Die gekrönten Stammgäste machten das junge Bad nicht nur weltberühmt, sie sorgten auch für ausgebuchte Quartiere, wenn sie mit Troß und Hofstaat anreisten. Daß zur standesgemäßen Bewirtung der herrschaftlichen Urlauber auch entsprechende Bauten entstanden, verstand sich von selbst. Leider haben nicht viele Bauten die Zeitläufte überdauert. Daß Wyk mit seinem ulmengesäumten Sandwall heute eine der schönsten Seepromenaden Deutschlands sein eigen nennt, verdankt es den königlich-dänischen Jahren; daß einige gesichtslose Modernbauten das Ensemble stören, verdankt die Stadt ihrer eigenen Gedankenlosigkeit. Ein ringsum harmonisches Stadtbild erlebte noch einer der berühmtesten Besucher des ehedem noblen Bades, der Dichter Hans Christian Andersen, der 1844 vom König in die Sommerresidenz eingeladen wurde. Nach einer überaus beschwerlichen Anreise war der sensible Poet vom Ziel seiner Fahrt sehr angetan. Er notierte: »Die Stadt Wyck, die größte auf der Insel, wo Bäder sich befinden, ist ganz holländisch erbaut, alle Häuser nur eine Etage mit Strohdach und Giebel, das Ganze zwar klein und gering, aber die vielen Fremden hier während der Badezeit, der ganze königliche Hof mit allem, was sich daran anschloß, gab eine Lebendigkeit, eine Sonntagsfestlichkeit, die insbesondere in der Hauptstraße pulsierte. Nahezu in jedem Haus waren Fremde einquartiert, von allen Fenstern in Stuben und Giebeln schauten bekannte Gesichter, die dänische Flagge wehte, Musik erklang, es war, als käme ich mitten während eines Festes.«

Der feinfühlige, oft mürrische Poet genoß (besonders als er erfuhr, daß der Hof seine Reisekosten übernahm) nicht nur die Huldigungen des volksnahen Königspaares und des Adels, sondern auch die ihm zuvor unbekannte Nordsee. Ja, er badete sogar und berichtete an einen Freund: »Ich habe jeden Tag gebadet, und ich muß sagen, es ist das unvergleichlichste Wasser, in dem ich je gewesen bin. Es ist so salzig, daß die Tränen einem aus den Augen laufen, wenn man heraufkommt. Das Blut wird in die wunderbarste Bewegung versetzt, man brennt den ganzen Tag wie Feuer.«

Werke schuf Andersen während seiner Föhrer Wochen nicht, er war zu beschäftigt mit Visiten und Gegenvisiten, mit königlichen Lustpartien auf See, hinüber nach Amrum oder auf die Halligen. Ein nicht minder berühmter (und wie Andersen mit einem Gedenkstein an seinem Quartier in Wyk geehrter) Künstler nutzte die Tage zur Inspiration und hinterließ ein standesgemäßes Präsent: Johann Strauß komponierte in seinen Wyker Ferienwochen den Walzer »Nordseebilder«. Zugegeben, dieses opus 390 ist nicht das stärkste Werk des Walzerkönigs, aber man hört doch immerhin das sanfte Anschlagen der Wellen am Strand heraus, wenn es die Kurkapelle im Musikpavillon am Sandwall intoniert – ein paar Schritte von den inspirierenden Wellen entfernt. Der vielgereiste Strauß war 1880 nach Hamburg gekommen, um die Erstaufführung seiner Operette »Das Spitzentuch der Königin« persönlich zu dirigieren und einen Triumph sondergleichen zu erleben: »Der Begeisterungsjubel hielt während der

Kinderheilstätte in Wyk auf Föhr.
Zeichnung von G. Theuerkauf. 1882

ganzen Vorstellung an. Es war ein Enthusiasmus, wie er in diesen Räumen kaum jemals vorher geherrscht haben dürfte«, berichtete Paul Möhring.

Als Strauß damals nach Föhr kam, hatte Wyk seinen Charakter bereits gewandelt, es war inzwischen mehr Kurort als feines Gesellschaftsbad. Damit hatte es eine auch ökonomisch wichtige Entwicklung eingeschlagen. Stadt und Insel waren nun nicht mehr von königlichen Launen und den Moden der feinen Leute abhängig; Heilungsuchende kamen nicht der Lustbarkeiten wegen und auch nicht nur in den kurzen Sommermonaten. Diese Hinwendung zur medizinischen Kur begann in den siebziger Jahren des vergangenen Jahrhunderts, Föhr wurde damals zum Zentrum der deutschen Meeres- und Klimaheilkunde. Bekannte Ärzte und Forscher propagierten nun Winterkuren (zuvor etwas gänzlich unvorstellbares) und längere Aufenthalte in den neuen Sanatorien. Für die schmalbrüstigen Großstadtkinder wurden die ersten See-Erholungsheime errichtet, die »Neuen Monatshefte« schrieben dazu in ihrer Ausgabe vom 1. September 1890: »Von außerordentlicher Wichtigkeit ist die Gründung der Kinderheilstätten bei Wyk. Die armen, kleinen Wesen, denen die Großstadt frühzeitig weiße Rosen auf die Wangen gemalt hat, leben hier am Meeresstrande auf, bekommen Farbe und körperliche Frische und, wenn sie zurückkehren in die Heimat, so haben sie wenigstens genug Gesundheitsvorrat, um den Einwirkungen der großstädtischen Luft auf lange Zeit zu trotzen.« Kinderheime sind heute nicht mehr wegzudenken aus dem Kurangebot Föhrs, dasselbe gilt für Amrum und Sylt.

Nach Sylt war inzwischen die ›feine Welt‹ weitergezogen, in das neue Seebad Westerland mit seinem Brandungsstrand. 1855 hatte ein Arzt aus Altona das bis dato unbedeutende Dorf als Badeort ›entdeckt‹. Seinen Bemühungen, hier das zweite Seebad der nordfriesischen Inseln zu gründen, wären wohl nur bescheidene Erfolge zuteil geworden, wenn das abgelegene Sylt nicht eine bessere Verkehrsanbindung an die große weite Welt, sprich: an Hamburg, bekommen hätte. Eine Inselbahn wurde von Westerland hinunter nach Hörnum an der Südspitze der Insel gelegt, da dort die ›luxuriösen Schnelldampfer‹ aus der Hansestadt anlegten. Damals begann eine bis heute ungetrübte Liebesaffäre zwischen Hamburg und Sylt. Für die Hanseaten ist es schlicht ›die Insel‹, und der streßgeplagte Stoßseufzer »Ich bin reif für die Insel« gehört an der Alster zum lokalen Sprachschatz. Daß Sylt darüber hinaus für ganz Deutschland zum Urlaubsliebling wurde, bemerkt man nicht nur an den Scherenschnitten aus Plastik mit Sylter Umrissen, die an den Hecks zahlreicher Berliner, Münchner, Stuttgarter und Düsseldorfer Autos kleben, sondern auch an dem babylonischen Dialektgewirr in der Westerländer Friedrichstraße, neben der Seepromenade der wichtigste Flaniersteg der Insel und während der Saison eine Mini-Ausgabe von Ku-Damm, Leopoldstraße und Jungfernstieg.

Die Beliebtheit Sylts wuchs jenseits von Hamburg aber erst, als es keiner Seereise mehr zur Anfahrt bedurfte, als der Damm fertiggestellt war. Westerland ist der rasante Aufstieg schlecht bekommen. Aus dem Dorf wurde eine 90-Tage-Großstadt mit allen berüchtigten Attributen wie Verschmutzung, Verkehrsstaus und bauliche Verödung in Beton-Gigantismus. Ein in Nordfriesland verlegter Reiseführer schwärmt hier von einem ›nordeuropäischen Cannes‹; um das zu behaupten, bedarf es wohl der Blindheit eines Reklame-Skribenten. Allerdings kann Westerland auch einiges auf der Haben-Seite verbuchen: die besten Restaurants Nordfrieslands, das attraktivste Nachtleben von Spielcasino bis Nachtbar und von Disko bis Kneipe, vorzügliche Kuranlagen und reichsortierte Einkaufsmöglichkeiten. Westerland ist heute in jeder Hinsicht die Hauptstadt Sylts, hier regieren die großen Zahlen, auch bei den Übernachtungsziffern. An Chi-Chi-Renommee hat Westerland darob ein wenig verloren. Die Glitzerwelt der jeunesse dorée und der nicht mehr ganz so jungen beautiful people nistet jetzt vorzugsweise unter den Reetdach-Neubauten von Kampen, während die lebensfrohe Intelligentia, die Sylt seit über hundert Jahren als Künstlerkolonie akzentuiert, jetzt in mehr oder minder alten Friesenhäusern und unter alten Bäumen im ruhigen Keitum residiert.

Das Klatschspalten-Szenario, das regelmäßig im Juli und August vor den Kulissen der Sylter Dünen inszeniert wird, ist ebenso regelmäßig Thema spöttischer Glossen und hochmütiger publizistischer Abgrenzungen. Nichts gegen solche oft amüsanten Glossen, aber viele jener lauthals vorgetragenen Lobgesänge auf das ›andere Sylt‹ ohne Schickeria, auf das ›wahre Sylt‹, haben etwas Pharisäerhaftes an sich. Wer nach Sylt reist, um den schönen ruhigen Wattensaum zu preisen, profitiert natürlich auch vom großen turbulenten Namen der Ferieninsel. Nur in diesem Kontrast wirkt ja die Beschwörung der Idylle. Gewiß, es gibt zahlreiche reizvolle Winkel ohne Cabrio- und Champagner-Cliquen. Aber die philisterhafte Entrüstung über derartige Entweihungen des schönen reinen Sylts sind heuchlerisch und obendrein töricht. Natürlich soll ein Land wie die Bundesrepublik auch einen Jet-Set-Spielplatz haben, derlei gehört zum Flair der großen weiten Ferienwelt. Sylt wäre ohne Sachs, Springer & Co. nur halb so schön.

Besonders unsinnig wird die Sylt-Kritik, wenn sie im Deckmäntelchen moralischer Entrüstung einherkommt, wenn nämlich vom vermeintlichen Lotterleben der Reichen die Rede ist. Das ist albern, denn Urlaubsregionen sind, ob sie nun teure oder preiswerte Ferien anbieten, nirgendwo so sittenstreng wie Mädchenpensionate. Allerdings ist es keinem Blättchen eine Zeile wert, wenn ein Durchschnittsbürger über die Stränge schlägt – aber wenn ein prominentes Mitglied des Geld- oder Blutadels dasselbe macht, reicht es immer für eine Schlagzeile. Und wer solch eine Schlagzeile anstrebt, der geht eben nicht nach Kiefhuck auf Nordstrand, sondern nach Kampen auf Sylt. Jene, die deshalb Sylt als Nachfolger von Sodom und Gomorrha ansehen und bei jeder Sturmflut wieder an das Schicksal des lasterhaften Rungholt gemahnen, legen vornehmlich Zeugnis ab von ihrer Spießer-Phantasie. So verworfen, wie es sich im Kreis der Schlagzeilen-Leser vorgestellt wird, ist selbst Sylts sommerliches Nachtleben nicht.

In einer anderen Hinsicht hat allerdings der Einmarsch der Reichen und der Superreichen viele Inselcharaktere verdorben: Den Nordfriesen wurde immer nachgesagt, sie könnten gut rechnen. Jetzt sagt man den Syltern nach, daß sie gut raffen könnten. Wie alle Verallgemeinerungen ist diese selbstverständlich falsch, aber sie hat einen wahren Kern. Sylt ist auch die Insel der schnellen Mark geworden, und viele Insulaner haben mitkassiert – nicht ohne gleichzeitig lautstark über den Verlust der Inselidentität zu lamentieren. Am deutlichsten wurde das 1984, als Sylt im Mittelpunkt »eines der größten Fälle von Wirtschaftskriminalität in der Bundesrepublik« (so der Staatsanwalt) stand und viele Sylter Bürger keine gute Figur machten.

Angefangen hatte alles 1981, als Wolfgang Reh, ein seinerzeit 39 Jahre alter Elektriker aus Bottrop, auf Sylt Urlaub machte. Der füllige Millionär, ein Selfmademan und ›Wirtschaftswunderkind‹ ersten Ranges, erkannte mit sicherem Blick die Möglichkeiten, die für ihn im Sylter Immobiliengeschäft steckten. Mit der leicht zu übertölpelnden Volksbank in Oberhausen tat er sich für diesen Handel zu einer Art Gesellschaft zusammen, ›Gesellschaftszweck‹ war, wie er später einräumte, »gemeinsames Auspressen der Immobilienzitrone Sylt«. Daraus sollte ein Lehrstück für Bauernfang werden. Reh gründete rund zwanzig verschiedene Firmen, die sich alle mehr oder minder ausschließlich der ›Zitrone‹ im Wattenmeer widmeten. Der Nabob aus dem Ruhrpott kaufte auf Sylt, was er nur bekommen konnte an Häusern. Er kaufte auch zu überhöhten Preisen, also drängten sich die Insulaner, um bei Reh Kasse zu machen. Reh hatte inzwischen aber mit seinen diversen Reise-Unternehmen angekündigt, er wolle nun die Kumpel von der Ruhr billig auf Deutschlands teuerster Insel einquartieren. Das war den Syltern gar nicht lieb, berechtigterweise fürchteten sie um den Ruf Sylts und um ihre längerfristigen Geschäfte. Sie schalten Reh, der von der Boulevardpresse schon zum ›Bettenkönig von Sylt‹ gekrönt worden war, den ›Totengräber der Insel‹ und schreckten auch vor handfesten Aktionen nicht zurück: Als Reh-Busse aus dem Ruhrgebiet auf die Insel rollten, wurden sie mit Steinwürfen empfangen.

Dem Kaufmann war der entsprechende Presserummel nur recht, er lenkte ab von Rehs wahren Interessen und machte sogar noch Reklame für dessen Angebote. Rehs Ziel war es nämlich, seine frisch erworbenen Sylter Immobilien schleunigst mit Gewinn weiterzuverkaufen. Das lief nach folgendem Schema ab: Ein gekauftes Haus wurde in möglichst viele kleine Einzelappartements umgebaut und dann zu Preisen von bis zu 12000 Mark pro Quadratmeter weiterverkauft. Hundert und mehr Prozent Gewinn war da leicht zu erzielen, wenn man Käufer für die überteuerten Appartements fand. Der Lockvogel hierfür waren die Touristen, die Reh angeblich zu Tausenden auf die Insel brachte. Mit jeder verkauften Mini-Wohnung wurde eine Vermietgarantie gegeben, deren Ertrag immer knapp über dem lag, was der Käufer jährlich an Belastungen zu zahlen hatte. Diese Vermietgarantien waren allerdings leere Versprechungen, was jeder Käufer hätte nachrechnen können, was aber kaum einer tat. Die Berechnungen basierten auf 365 Tagen, eine Grundlage, die angesichts der kurzen Saison auf Sylt ein Hohn ist. Der Handel flog Ende 1984 auf, weil bei einer Prüfung Unregelmäßigkeiten in Rehs Hausbank in Oberhausen entdeckt wurden. Er wäre sonst wohl noch eine Weile weitergelaufen, aber über kurz oder lang war das Sylter Kartenhaus zum Einsturz verdammt. Für die Sylter waren das nicht die ersten Erfahrungen mit zweifelhaften Baulöwen: 1972 konnte nur nach ausdauernden Protesten ein Stuttgarter daran gehindert werden, einen 80 Meter hohen Betonkasten namens »Atlantis« mit 700 Miniwohnungen direkt in den Sand vor Westerland zu setzen. Glücklicherweise verhindert werden konnte auch der Versuch eines Harzer Bauunternehmers, bei List gewaltige Feriensiedlungen und Freizeitzentren hinzustellen. Aber auch nach dem Reh-Fiasko schienen einige Insulaner nicht die Finger von bedenklichen Grundstücksgeschäften lassen zu wollen. Das zeigte im Frühling 1985 eine Serie des »Hamburger Abendblattes« über das »Millionending von Kampen«. Die Zeitung hatte darin unter anderem Sylter Kommunalpolitikerns ›zweifelhafte Geschäfte‹ auf dem Immobilienmarkt von Kampen vorgeworfen. Die Hamburger Redaktion wurde zwar mit Gegendarstellungen überschüttet, aber Landes- und Bundesregierung schalteten sich sofort in die Affäre ein.

Nebenan, auf der Insel Amrum, verfolgte man die Reh-Pleite und den ›Fall Kampen‹ nicht ohne Häme. Einerseits war man immer etwas neidisch ob der Geldscheffelei der Sylter, andererseits war hier die Gruppe derer, die den alten Inselcharakter zu bewahren suchten, stets einflußreicher als auf Sylt. Manche touristische Fehlentwicklung, aber auch manch nützliche Fortentwicklung wurde allerdings weniger durch Traditionsbewußtsein als durch Eifersüchteleien zwischen den Amrumer Gemeinden vereitelt. Dennoch: Amrums Gemeindevertreter haben sich die distanzierteste Haltung zum Fremdenverkehr unter ihren Kollegen von den nordfriesischen Geestinseln erhalten. Distanziert heißt nicht ablehnend, schließlich ist das Geschäft mit den Gästen das wirtschaftliche Rückgrat der Insel; aber Großprojekten gegenüber sind die Amrumer sehr skeptisch. Sie haben auch allen Grund dazu, schließlich haben sie bereits einige spektakuläre Pleiten erlebt in ihrer jungen Geschichte als Seebad.

Ursprünglich wollten die Amrumer gar keinen Fremdenverkehr, sie lehnten den Rummel ab, der sich auf Föhr bereits allsommerlich abspielte und der sich auch allmählich auf Sylt ausbreitete. Föhr hatte nun bereits seit fast 70 Jahren seinen Badebetrieb, und auch auf Sylt trug man schon seit mehr als 30 Jahren Badekostüme. Da kam 1885 ein Fremder, der Architekt Schulze-Waldhausen, daher und forderte eine Badekonzession. Er hatte Urlaub gemacht im »Lustigen Seehund« von Steenodde und war auf die Idee gekommen, solchen Urlaub auch anderen anzubieten. Das schien angesichts der positiven Entwicklung auf den Nachbarinseln ein sicheres Geschäft zu sein. Schulze-Waldhausen schlug in seinem Konzessionsantrag vor, Badeanlagen an der damals noch unbesiedelten Südspitze Amrums einzurichten; er verwies auf die wohltuenden Folgen für ›Handel und Wandel‹ und betonte, wohl in Kenntnis der größten Hürde vor seinem Plan, der künftige Badebetrieb werde die »hiesigen guten Sitten nicht verderben oder schädigen«. Aber es half nichts, bereits zwei Tage später hielt er die ausführlich begründete Absage in den Händen. Darin hieß es unter anderem: »Namentlich in moralischer Hinsicht würden Nachteile, welche ein Bad auf die Bevölkerung ausüben würde, gegen die etwaigen Vorteile noch schwerer ins Gewicht fallen. Die sittlichen Verhältnisse sind so befriedigend, daß bei einer hier wohnenden Seelenzahl von 600–700 Einwohnern nach Ausweis der Statistik in den letzten 50 Jahren nur alle zehn Jahre ein uneheliches Kind geboren wird. Ferner ist es nicht Sitte, daß hiesige Einwohner ins Wirtshaus gehen. Alles dieses würde zum Bedauern mancher Familie anders werden, wie Beispiele aus dem benachbarten Wyk und Westerland zur Genüge beweisen. Es würden überhaupt die guten Sitten und die einfache Lebensweise durch neue Moden und die steigenden Lebensbedürfnisse zurückgedrängt werden.«

Doch die Ablehnung der Idee war durchaus nicht einhellig, mancher Insulaner konnte sich gut vorstellen, wie ein paar Touristentaler in seiner leeren Kasse aussehen würden, von dem Arzt und dem Apotheker, die auf diese Weise nach Amrum kämen, ganz zu schweigen. Die verbesserte medizinische Versorgung war auch einer der Hauptgründe für den königlichen Landvogt, die Gemeindeverwaltung 1886 anzuweisen, entweder einen Badebetrieb zu gründen oder eine entsprechende Konzession zu vergeben. Die Amrumer entschieden sich für einen Gemeindebetrieb – und ließen es bei dieser Entscheidung tatenlos bewenden. Doch Schulze-Waldhausen ließ nicht locker, er gründete 1888 eine ›Badekommission‹. Da erst entschlossen sich die Gemeindevertreter, eine Konzession zu vergeben, natürlich nicht an den eifrigen Architekten von außerhalb, sondern an einen Einheimischen, den Kapitän Volkert Quedens. Der hielt sich an Schulze-Waldhausens Idee und gründete Wittdün: 1889 eröffnete er das erste Hotel aus Fertigteilen an der Inselsüdspitze. Wenig später entstand das vornehmere »Strand-Hotel«, weitere Bauten im wilhelminischen Stil folgten. Wittdün, das erste Seebad ›aus der Retorte‹, kaprizierte sich anfangs auch auf die besseren Herrschaften, auf das wohlhabende Publikum, ein Plan, der zwar scheitern sollte, aber auch gleich von Anbeginn die Kirche auf den Plan rief.

Pastor Tamsen bat den schon bekannten Kollegen Bodelschwingh auf die Insel, um einen Vortrag über Gefahren und Nutzen des Tourismus zu halten und womöglich ein Bodelschwinghsches Hospiz als sittliches Gegengewicht zu den Hotels am Südende zu gründen. Friedrich von Bodelschwingh kam 1888 mit seiner Familie, um auch gleich seinen Urlaub an der See zu verbringen. Er fand das andere Ende der Insel geeignet für ein Hospiz; 1890 entstand das erste, 1893 das zweite, weitere folgten bis heute. Allerdings hatte auch Bodelschwingh Schwierigkeiten: Die Norddorfer, Gastgeber der Hospize, sahen sich von kapitalstarken Anlegern vom Festland umworben, die in Norddorf auch Hotels hinsetzen wollten. Bodelschwingh mußte Bürgern und Gemeindevertretern einen geharnischten Brief schreiben und sie fragen, ob sie weiterhin zu den Hospizen stünden. »Wenn sie dazu entschlossen seien«, heißt es in der Bodelschwingh-Biographie von Martin Gerhardt, »möchten sie sich zu einem Verein zusammentun, dessen Mitglieder ihre Zimmer nur an das Hospiz vermieteten. Wollten sie das aber nicht, so sei er entschlossen, das Anwesen zu verkaufen und sich nach Baltrum zu wenden, worauf er wiederholt hingewiesen sei, um dort ›ein stilles christliches Badeleben aufzurichten‹. Das Schreiben hatte Erfolg: Die Gemeinde überließ dem Diakonissenhaus das Vorkaufsrecht über weitere umfangreiche Ländereien, und zwei Drittel der Einwohnerschaft erklärten sich namentlich für Bodelschwinghs Anliegen.«

Wenig Erfolg hatten indessen die Gründungsväter von Wittdün, sie waren den finanziellen Belastungen des neuen Badebetriebs nicht gewachsen und mußten sich aus dem Geschäft zurückziehen. Banken vom Festland stiegen ein, gründeten die Aktiengesellschaft Wittdün-Amrum (AGWA) und stellten mit Heinrich Andersen einen fähigen Direktor ein. Der schuf neue Kuranlagen und die Schmalspurbahn, mit der die Badegäste hinaus zum Strand jenseits des Kniepsands gefahren wurden. Aber auch das half nicht, die angesprochenen besseren Kreise reisten nicht zum Baden an. 1907 ging die AGWA in Konkurs und entsprach ihrem alten Spitznamen: »Ach Gott, welche Armut.« Aber auch die Nachfolger der Aktiengesellschaft taten sich schwer, Amrum war zu spät gekommen, um sich noch in die Reihe der feudalen Badeziele einreihen zu können. Wenn Bodelschwinghs Idee einer kaiserlichen Sommerresidenz auf Amrum wahr geworden wäre, hätte vielleicht auch die große Welt nach Wittdün gefunden. Bodelschwingh hatte diesen Plan sogar der Kaiserin persönlich vorgetragen, Majestät schien auch geneigt zu sein, aber dabei blieb es. Wittdün laborierte wirtschaftlich vor sich hin, während Norddorf von den Hospizen profitierte. Auch die anderen Inselorte tasteten sich vorsichtig zum Tourismus vor, vor allem das hübsche Nebel. Aber erst nach dem Zweiten Weltkrieg entwickelte sich ein wirtschaftlich zufriedenstellender Tourismus. Auch Wittdün, heute ein Familienbad ohne feudale Flausen im Kopf, steht jetzt auf soliden Fundamenten – leider nicht nur im übertragenen Sinne: Architektonisch ist Wittdün von moderner Öde und trauriger Langeweile. Das ist auch der erste Eindruck, den der Amrum-Gast gewinnt: Vor einer eintönigen Betonkulisse erwartet ihn ein flächendeckend asphaltierter, riesiger Fähranleger ohne auch nur eine Blumenschale. Deshalb trauern nicht nur hoffnungslose Nostalgiker dem alten Holzanleger von Wittdün nach. Aber der wäre vermutlich unter dem heutigen Besucherandrang schon längst zusammengebrochen. Nein, Romantik verströmt der Hafen von Wittdün nicht gerade. Aber eine kurze Wegstrecke entfernt bietet der Seezeichenhafen eine farbenfrohe Alternative – eine schmackhafte dazu, wenn die Krabbenkutter anlegen und man die noch ungepuhlten Krabben direkt von Bord ersteht.

Sommersprossen auf dem Wattenmeer

Porren nennen die Nordfriesen in ihrer Sprache die Krabben, und *Poorn Pann,* eine Schüssel mit Krabben in Sahnesoße, ist eine nordfriesische Küchenspezialität. Sie ist nur noch schwer zu finden in den Inselrestaurants, viele Wirte glauben, das einfache Gericht sei ihren Gästen nicht fein genug. Auf den Halligen hat man eher einmal die Möglichkeit, sich an einer Poorn Pann mit Kartoffeln gütlich zu tun. Auf den Halligen geht es noch etwas schlichter, urtümlicher zu als auf den Inseln. Das gilt auch für den Fremdenverkehr, die heute weitaus wichtigste Einnahmequelle der Halligbewohner. Fremdenverkehr ist für die flachen Eilande zwar keine Neuigkeit, wie die schon von Hans Christian Andersen beschriebene Ausflugsfahrt mit dem dänischen König von Föhr aus bewiesen hat. Aber ein Wirtschaftsfaktor waren diese relativ seltenen Stippvisiten für die Halligen nicht. Noch seltener waren Logiergäste, die in der Einsamkeit dieser ›Sommersprossen auf dem Wattenmeer‹ Erholung suchten. Zu mühsam war die Anreise, zu unkomfortabel war der Aufenthalt auf den Halligen bis zur Mitte unseres Jahrhunderts. Überdies waren die Halligbauern auf Gäste gar nicht eingerichtet. Die niedrigen Höfe und Katen, die sich auf den Warften zusammendrängten, hatten kaum Platz für Fremde, die womöglich noch ein eigenes Zimmer beanspruchten. Es fehlte auch an Betten, schließlich konnten die Fremden ja schlecht zu den Hausbewohnern in ihre engen Schrankbetten mithineinklettern.

Es war ein hartes, entbehrungsreiches Leben, daß die Halligbewohner noch bis in die fünfziger Jahre unseres Jahrhunderts hinein führen mußten. Da gab es noch kein Wasser aus dem Wasserhahn wie in den Häusern auf dem Festland und den größeren Inseln, da floß noch kein Strom durch unterseeische Kabel vom Festland herüber, selbst der elektrizitätsspendende Dieselmotor war noch eine Ausnahme. Für längere Abgeschiedenheit mußte vorgesorgt werden, denn es gab noch keine Hubschrauber, die im Notfall herangeknattert kamen; bei Gefahr für Leib und Seele mußten sich die Halligbewohner mit kleinen Booten ihren Weg durch die aufgewühlte See bahnen, im strengen Winter bisweilen auf Eisfahrt gehen. Es war auch ein gefährliches Leben für die Halligbauern, denn wenn die See sogar ihre Warften überspülte, drohten die Wogen die Häuser zu zerstören und die Menschen in den Tod zu reißen.

Eines der schwierigsten Probleme war die Wasserversorgung, insbesondere nach Sturmfluten, wenn die *Fethinge* mit Seewasser vollgeschlagen waren. Fethinge heißen jene Wasserlöcher, die heute noch auf jeder Halligwarft zu finden sind und die sachunkundige Besucher immer wieder als fotogene Ententeiche mißverstehen. Allerdings haben die Fethinge ihre Aufgabe als Zisterne für die Wasserversorgung der Warft heute weitgehend verloren, sie dienen nur noch als Reservoir für Notfälle und als Löschwasserteich. Einst war der Fething aber die zentrale Einrichtung der Hallig, der Regenwasserspeicher wurde vor den Häusern geplant und gebaut, diese hatten sich um seinen Rand zu scharen. Die tiefen trichterförmigen Teiche haben an ihrem Grund noch ein oder zwei *Kulings*, Extraschächte, in denen sich eine Notration für extreme Trockenheiten sammeln konnte. Im Fething sollte möglichst viel Regenwasser zusammenlaufen, deshalb nahm er bei der Planung immer einen relativ großen Anteil an der Grundfläche der Warft ein. Die Häuser rings um den Teich bedienten sich aus ihm direkt, etwas entfernter liegende Häuser hatten in der Regel einen *Sood*, einen kleinen Brunnen, der durch ein unterirdisches Rohr mit dem Fething in Verbindung stand. Ein weiteres Rohr führte aus dem Fething in die See, es diente dazu, das bei Hochfluten in den Fething eingedrungene Salzwasser wieder ablaufen zu lassen. Das Fething-Wasser diente fast ausschließlich zur Tiertränke, ihr Trinkwasser entnahmen die Halligbewohner früher in der Regel einer kleinen Zisterne unmittelbar beim Haus, die mit den Dachrinnen verbunden war und sich aus dem Regenwasser vom Dach speiste. Trockneten Fethinge und Zisternen in heißen Sommern aus oder versalzten sie bei Sturmfluten, so mußte per Schiff frisches Wasser zu den Halligen geschafft werden, ein umständlicher und teurer Transport.

Erst 1963 erhielten die Halligen Oland und Langeneß einen Anschluß an das Wassernetz des Festlands, Hooge mußte noch weitere fünf Jahre warten, ehe seine Zuleitung von Pellworm her verlegt war. Nordstrandischmoor und Gröde erreichte diese Segnung sogar erst 1975 und 1976, dann allerdings auch gleich zusammen mit dem Stromkabel. Alle Halligen erhalten ihr Wasser zwar auf verschiedenen Wegen, aber doch aus derselben ›Quelle‹, nämlich von einem Wasserwerk bei Flensburg – eine Kuriosität, die kein Fremdenführer auf den Halligen zu erwähnen vergißt.

Elektrischen Strom erhielten die meisten Halligen wesentlich früher als Wasser, Oland und Langeneß hatten 1954 die ersten Anschlüsse, Hooge war auch hier fünf Jahre später dran. Die nun unbegrenzt vorhandene Energie veränderte das Halligleben von Grund auf. Die knatternden Dieselgeneratoren hatten ebenso ausgedient wie die Windräder und die letzten Petroleumlampen; in den Ställen konnten jetzt die modernen Landwirtschaftsmaschinen viel kostengünstiger betrieben werden als mit dem Generatorenstrom. Nur auf den Halligen Süderoog und Südfall ist noch alles beim alten, hier steht jeweils nur ein zeitweilig bewohntes Haus, da lohnen sich die aufwendigen Versorgungsanschlüsse nicht.

Die Verbesserungen auf den Halligen waren Teil eines umfangreichen ›Programms Nord‹, das besonders die unterentwickelte Westküste Schleswig-Holsteins fördern sollte. Das Regierungsprogramm lief von 1953 bis 1969, besondere Beachtung innerhalb dieses Vorhabens fanden die Halligen nach der schweren Sturmflut von 1962, die gravierende Schäden hinterließ und bewiesen hatte, daß die meisten Häuser gegen Katastrophen unzulänglich geschützt waren. Damals kam der Plan der separaten Schutzräume in den Häusern auf, angesichts der dafür notwendigen Baumaßnahmen war es sinnvoll, den Halligbewohnern zugleich Neubauten für ihre alten Wohnhäuser anzubieten.

Mehr als drei Viertel aller Halliganwohner machten damals von der Offerte Gebrauch, deshalb bieten auch die meisten Hallighäuser heute einen modernen, etwas unpersönlichen Eindruck. Von den alten Reetdachbauten sind in den sechziger Jahren nur wenige übriggeblieben. Die Klagen vieler Friesenhausfreunde, die Neubauten seien häßlich und landschaftsuntypisch, sind allerdings übertrieben. Die neuen Häuser aus roten Ziegelsteinen fügen sich durchaus in die Landschaft ein. Gewiß, sie sehen nicht aus wie aus dem Bilderbuch, aber viele Bauerndörfer auf dem Festland, die sich vollends der pflegeleichten Eternit-Fassade verschrieben haben, sehen viel häßlicher aus.

Die Neubauten schufen den Halligbauern auch Platz – Platz, den diese in erster Linie für die Einrichtung von Fremdenzimmern nutzten. Denn seit die Komfortgrundlagen der Zivilisation, Strom und fließend Wasser, die Halligen erreicht hatten, zog es auch mehr neugierige Urlauber in die ›exotische‹ Welt der Halligen, insbesondere, als auch noch Ferienwohnungen entstanden. Mittlerweile haben die Halligen ihre Fremdenverkehrsvereine, verschicken ihre Prospekte und fordern Kurtaxe. Allein die Hallig Hooge, die den größten Anteil am Fremdenverkehr hat, kommt auf gut 500 Gästebetten einschließlich der Jugendheime und auf rund 50000 Übernachtungen jährlich. Da bleibt schon einiges hängen in der Kasse, und manche Halligbauern haben sich ausgerechnet, daß mit den Pensionsgästen leichter und mehr Geld zu verdienen ist als mit dem eigenen oder dem ›Pensionsvieh‹ (Vieh, das während der Sommermonate vom Festland zum Grasen herüberkommt). Also trennten sich viele Hofbesitzer von ihren Kühen, eine Entwicklung, die zeitweise die notwendige Abgrasung der Halligwiesen (zur Sicherung vor Erosion) zu gefährden schien. Spötter behaupten, diese Gefahr sei nur dadurch gebannt worden, daß Urlauber mehr Kühe auf ihrer Urlaubsinsel sehen wollten . . .

Wie auch immer, inzwischen stehen wieder genug Schwarz-Bunte auf den Fennen, um jeden Urlauberschnappschuß richtig ländlich aussehen zu lassen. Von *Fennen* und *Meeden* sprechen die Halligbauern heute noch, es handelt sich dabei um Begriffe, die noch aus der gemeinschaftlichen Nutzung des Halliglandes stammen. Fennen hießen seinerzeit die Viehweiden, Meeden die Flächen, auf denen man Heu erntete. Jeder Halligbauer erhielt damals seinen sorgfältig notierten Anteil an Fennen und Meeden bei der alljährlichen Landzuweisung. Diese gemeinschaftliche Nutzung wurde in unserer Zeit schrittweise abgeschafft. Heute sind die Besitzanteile der Halligbauern genau festgelegt. Die Halligbewohner waren größtenteils stets freie Bauern, aber auch ein Adelshaus war vertreten im Kreis der Halligleute, repräsentiert durch die legendäre Gräfin Diana von Reventlov-Criminil, zu deren Besitz die kleine Hallig Südfall gehörte. Die Familie besaß zwar auch Ländereien auf dem Festland, aber Gräfin Diana schätzte ihr Eiland so sehr, daß sie dort von 1908 bis 1953 wohnte. Von der Gräfin werden heute noch viele hübsche *Döntjes vertellt,* eine der hübschesten Geschichten handelt nicht nur von ihr, sondern auch von einem zweiten, ebenfalls weithin bekannten Original, dem Schiffsführer Julius Hahn. Ein Pellwormer erzählte uns beim Teepunsch von den beiden, als die Fähre von Nordstrand nach Pellworm hinüberdieselte und sich die Hallig Südfall undeutlich am diesigen Horizont abzeichnete: Der Wattenschipper Hahn kannte die ›Hallig-Gräfin‹ recht gut, schließlich versorgte er sie schon seit Jahren mit Lebensmitteln, Post und sonstigen Dingen. Als er sich eines Tages statt seines kleinen Bootes einen richtigen stattlichen Ewer leisten konnte, gedachte er der (nicht unvermögenden) Gräfin und taufte sein neues Schiff »Diana«. Kaum war die Farbe auf der Namensleiste am Bug des Ewers getrocknet, ging Hahn auf Kurs Südfall. Als er dort anlegte, hatte die Gräfin natürlich längst erspäht, wie die Neuerwerbung getauft worden war. Aber sie ließ sich nichts anmerken und bat den Schiffer wie üblich in die Wohnstube, servierte Punsch und plauderte. Aber Hahn hielt es nicht lange bei Themen wie Klatsch und Wetter. Ob die Gräfin denn schon sein neues Schiff und dessen Namen gesehen habe? Ja, bestätigte die adlige Dame, voll des Lobes ob des schmukken Schiffs und der glücklichen Namenswahl. Hahn druckste herum: Da gebe es an der See die schöne Sitte eines Taufgeschenks, ob die Patin wohl auch daran gedacht habe? Nein, meinte Gräfin Diana, natürlich nicht, sie habe ja nichts von dem ehrenvollen Vorhaben gewußt. Aber er, Käpten Hahn, solle ruhig von dannen segeln, beim nächsten Anlegen auf Südfall werde sie gewiß der seemännischen Tradition entsprechen und sich würdig revanchieren für diese Ehrung.

Nach einer Anstandsfrist lief Hahn wieder die kleine Hallig an, in Gedanken all die Präsente durchgehend, die vielleicht für ihn parat liegen könnten. Die Gräfin empfing ihn wie stets mit ausgesuchter Freundlichkeit, trieb aber ein grausames Spiel mit ihm. Sie bat ihn in den *Pesel,* die Prunkstube des Hauses, ließ es an dampfendem Teepunsch nicht fehlen und schwadronierte munter drauf los, mied aber sorgfältig das Thema, das ihren Besucher am meisten interessierte. Der wurde zusehens unruhiger und stieß schließlich, als die einsetzende Ebbe seine Rückfahrt erzwang, zum Kern vor: Ob denn die Gräfin an die Patengabe gedacht habe? Diese tat ganz aufgeschreckt: Oh natürlich, das habe sie fast vergessen. Sicher, sie habe sich revanchiert; wenn er, der Herr Hahn bitte einmal mit ans Fenster trete. Die Gräfin wies hinaus in den Hühnerhof und auf einen jungen, prachtvollen Gockel. Diesen neuen Hahn habe sie »Julius« genannt. Und nun seien sie sich, Diana und Julius, gegenseitig Paten. Der genasführte Schiffer zog ab mit langem Gesicht. Selbst Nordfriesen können sich verrechnen . . .

Die Gräfin und der Skipper sprachen übrigens, wie mir die Veteranen von Pellworm erzählten, miteinander plattdeutsch, nicht etwa friesisch. Die friesische Sprache, die heute auf den Inseln und Halligen eine bescheidene Renaissance erlebt, stand in den Uthlanden immer in einer wechselvollen Beziehung zwischen der dänischen und der deutschen, meist plattdeutschen Sprache. Nach der Übernahme der Landschaft durch die Preußen gewann die deutsche Sprache allmählich die Oberhand. Es gibt zwar heute noch Ortschaften, in denen viele Bewohner Friesisch als ihre Alltagssprache benutzen, aber das sind die Ausnahmen. Allerdings hat seit Beginn der achtziger Jahre die Zahl jugendlicher Insulaner zugenommen, die sich durch Kurse büffeln, um wieder die Sprache ihrer Vorväter zu erlernen (eine ähnliche Entwicklung war auch auf Helgoland zu beobachten). Das Interesse der Inselfriesen an der eigenen Vergangenheit bezog sich auch auf das eigene Brauchtum, beispielsweise auf überlieferte Trachten und Feste.

Folklore und Feste

Böse Zungen behaupten zwar, die Insulaner hätten ihre alten Bräuche nur des Tourismus wegen wieder ausgegraben, doch die Wiederentdeckung der friesischen Sprache, die im selben Kontext zu sehen ist, widerlegt das. Diese allenthalben unbekannte Sprache ist für den erwerbsorientierten Umgang mit den Fremden eher ein Hindernis denn eine Attraktion. Anders ist es mit den Trachten, die werden auch auf den landauf-landab unvermeidlichen Heimatabenden getragen. Und ein altes Fest wie das Ringreiten – ein Turnierspiel, bei dem ein Reiter mit seiner Lanze im Vorbeigalopp einen freihängenden Ring treffen muß – wird mittlerweile auf Föhr sogar für mehr oder minder sattelfeste Kurgäste veranstaltet. Aber wenn die jungen Föhrerinnen und Amrumerinnen zur Konfirmation (die Uthlande sind seit Luther durchgängig protestantisch, nur niederländische Einwanderer brachten den Katholizismus mit) gehen, kleiden sich die meisten wieder in die schmucke Tracht mit der bestickten Haube, den Fransentüchern auf Haupt und Schultern und vor allem mit dem prächtigen Silberschmuck vor der Brust. Es muß nicht nur tief entflammte Heimatliebe der Grund dafür sein, auch lobenswerte weibliche Eitelkeit mag den Griff zu diesem schönen Konfirmationskostüm mitbestimmt haben. Und als die Pellwormer und Nordstrander Frauen nicht mehr ›unbetrachtet‹ beiseite stehen wollten, kreierten sie sich – auch zum Wohle des Fremdenverkehrs – Mitte der siebziger Jahre ihre eigene Tracht. Allerdings schneiderten sie nach alten Vorbildern, nach den Trachten, die auf dem Grabstein der Familie Tamsen rund 400 Jahre zuvor eingemeißelt worden waren und seither auf dem Friedhof der Alten Kirche von Pellworm der Verwitterung trotzen.

Manche Volksbräuche sind des Verdachts, zur Ankurbelung des Fremdenverkehrs inszeniert worden zu sein, schon durch das Datum enthoben. Das *Biike-Brennen* beispielsweise findet im ausklingenden Winter statt, wenn nur ohnehin überzeugte Anti-Touristen an die Nordsee reisen; sie kommen gewiß nicht nur, um die großen Treibholzhaufen auflodern zu sehen, die in vorchristlicher Zeit als Heidenopfer dienten, von der Kirche zum Petri-Stuhl-Tag umgedeutet wurden, während der Epoche der Walfangreisen als Abschiedszeremonie für die auf See fahrenden Männer entzündet wurden und nun als Frühlingsauftakt zelebriert werden – ein kühnes Unterfangen für Ende Februar. Auch das *Thamsen* findet nicht gerade an einem fremdenverkehrsförderlichen Datum statt: Zur Wintersonnenwende, am 21. Dezember, ziehen die Jugendlichen über die Insel Föhr, um alles Gerät mit Rädern (Autos werden gnädig verschont) abzuschleppen, das nicht hinter Schloß und Riegel ist. So mancher unachtsame Bauer mußte dann die Schubkarre, die er auf dem Hof vergessen hatte, aus des Nachbarn Jauchegrube fischen. Hintergrund dieser oft sehr ruppigen Scherze ist vermutlich ein germanischer Aberglaube, wonach an diesem Tag alle Räder stillzustehen hatten, damit das Rad der Zeit bei dieser Jahreszeiten-Wende nicht ins Stocken gerate.

Wenn diese Feste angesagt sind, bleiben die Insulaner unter sich, denn bis auf die Weihnachts- und Neujahrstage haben die Inseln und Halligen kaum Winterbesucher. In dieser ruhigen Zeit beweisen die Inselfriesen, daß Teepunsch (heißer Tee mit Schnaps) und ›Pharisäer‹ auch von den Einheimischen freudig geschluckt werden, also keine Erfindung für die Fremden sind. Aber das belegt ja im Fall des Pharisäers auch die Historie, denn wer wollte sich erlauben, einen leibhaftigen Pastor zur kulinarischen Geschichtsklitterung zu benutzen? Ergo die Geschichte: Es war einmal im vergangenen Jahrhundert, daß auf Nordstrand ein gestrenger Pfarrherr die wahrlich schluckfreudige Schar seiner Schäflein fast allsonntäglich von der Kanzel herab ermahnte, dem Teufelsgebräu Alkohol abzuschwören. Er hatte mäßigen Erfolg – allein, wenn er dabei war, blieb seine Herde abstinent. So geschah es auch, als im Elisabeth-Sophien-Koog eine Kindstaufe gebührend gefeiert wurde, mit Unmengen von dampfendem Kaffee, wie es Brauch war, aber ohne die kreisenden Rumbuddeln, die ansonsten die Tafelfreuden bereicherten. Allmählich wurde der Festversammlung die ›trockene‹ Kaffeetafel lästig, aber der geistliche Herr machte keinerlei Anstalten zu gehen. Da hatte einer, es wird wohl der Hausherr gewesen sein, die richtige Idee: In jede Tasse Kaffee, die in der Küche aufgeschüttet wurde, kam zum Zucker auch ein ordentlicher Schuß Rum; damit der verräterische Duft nicht an des Kirchenmannes Nase wehte, wurde jede Tasse mit einer kräftigen Schlagsahnehaube abgedeckt. Fortan geriet die Tauffeier fröhlich, auch wenn der Pastor immer ratloser wurde – bis ihm aus Versehen auch eine der rumreichen Tassen vorgesetzt wurde. Er nippte, stutzte und hatte den Schwindel durchschaut, zornesbebend sprang er auf und donnerte sein Verdikt durch den Pesel: »Oh Ihr Pharisäer!« Der Name blieb haften.

Der Pharisäer ist den Vor- und Nachsaisongästen Nordfrieslands ein steter Urlaubsbegleiter, vor

Nordfriesische Sonntagstrachten. Um 1864

allem, nachdem vor einigen Jahren ein ordentliches Gericht entschieden hat, daß für dieses Getränk am Rum nicht gespart werden dürfe. Der heiße Schluck nach einer strammen Wanderung durch den scharfen Winterwind ist eine wahre Wohltat – wie übrigens auch die Wanderung selbst. Das Inselwetter ist nämlich in den ›schlechten‹ Monaten meist weitaus besser als auf dem Festland, und das, obwohl das Archipel hoch im Norden liegt. Sylt teilt sich seine Lage auf dem 55. Breitengrad beispielsweise mit Nowosibirsk in Sibirien, der Hudson Bay und Labrador in Kanada. Aber diesen geographischen Vettern gegenüber hat Nordfriesland einen großen Vorteil: Der Golfstrom spült bis an seine Küsten, verhindert sibirische Kälte und läßt die Temperaturen im Durchschnitt um zwei bis drei Grad höher liegen als im Binnenland. Ein zweiter positiver Faktor ist der vorherrschende Westwind, der für rasche Klimawechsel sorgt, auf seinem Weg das Salz des Meeres aufnimmt und als ›Aerosol‹ ein luftiger Gesundbrunnen ist. Diese spezielle Küstenwetterlage bedingt, daß auf den nordfriesischen Inseln ein ganz anderes Wetter herrscht als im Rest Deutschlands; auf den Wetterkarten des Fernsehens wird das kaum berücksichtigt, da der geographische Raum dazu zu klein ist. Deshalb hat sich die Gemeinschaft der Badeorte auf Sylt auch schon 1966 entschlossen, einen telefonischen Wetteransagedienst einzurichten. Täglich zweimal gibt die Wetterwarte List den lokalen Wetterbericht ein, der unter der Rufnummer 04652/1098 automatisch abgerufen werden kann. Immerhin rufen hier in den Wintermonaten im Schnitt täglich 39 Urlaubsinteressierte an, in den Sommermonaten sind es täglich rund 160 Wetter-Neugierige.

Zu den Raritäten dieser Wetteransage gehören Eis und Frost, denn das maritime Klima sorgt selbst in den kalten Monaten für ein ausgeglichenes mildes Wetter. Man sieht es dem gut ausgebauten Straßennetz der Inseln an, Frostaufbrüche sind selten. Es ist also nicht die Sorge um den Straßenzustand, die zu dem Rat der Touristikämter führte, das Auto beim Inselurlaub möglichst auf dem Festland zu lassen. Die relativ kleinen Landflecken im Wattenmeer vertragen nicht allzuviel Autoverkehr, Westerland auf Sylt ist ein abschreckendes Beispiel. Die Inseln sind auch allesamt gut mit dem Fahrrad zu erradeln, wenn man nicht gerade von List nach Hörnum will. Aber keine der Inseln hat bisher ein Autofahrverbot erlassen, das hat mehrere Gründe: Man will keine potentiellen Sommergäste verprellen, man will den einflußreichen Fährgesellschaften nicht das Geschäft vermasseln – und man will auch nicht selber auf das liebgewonnene, bequeme Auto verzichten.

Es gab schon einmal ein Fahrverbot, in den dreißiger Jahren, als die ersten Autos auf Pellworm auftauchten. Damals, so berichtet Georg Quedens in seinem Pellworm-Buch, wollte der Amtsvorsteher alle Benzinkutschen von seiner Insel verbannen; zwei Jahre stritt der Beamte, dann mußte er der Wucht der Motorisierung weichen. Ein Nachfahr des wackeren Mannes, ein hochrangiger Lokalpolitiker, mußte kürzlich allerdings auch die Grenzen motorisierter Durchsetzungskraft erleben. Der Volksvertreter war nach einer teepunschgetränkten Diskussion über die Zukunft des Watts weit nach Mitternacht vom Wirtshaus nach Hause gefahren. Erst am nächsten Morgen stellte er entsetzt fest, daß der Kofferraum seines neuen Autos hochkant eingedrückt war. Sofort fuhr er zurück zum Wirtshaus, um auf dem Parkplatz jenen Sünder ausfindig zu machen, der in sein Wagenheck gefahren war. Obwohl die inzwischen auch aus den Federn gekrochenen Mitdiskutanten bei der Suche halfen, fand sich keine Spur von dem Übeltäter – bis ein leitender Beamte der Inselgemeinde des Weges kam. Dieser, zufällig auch Nachbar des Geschädigten, leitete auf die rechte Spur: Die Linde vor dem Haus des Politikers möge man doch bitte inspizieren. Sie habe einige Schrammen, weil sie respektlos dem Wunsch des Autofahrers widerstand, der just hier parken wolle. Dreimal habe sein Nachbar in der letzten Nacht versucht, sich im Rückwärtsgang Platz und Respekt zu verschaffen und als klügster aller Beteiligten habe wohl der Kofferraum nachgegeben.

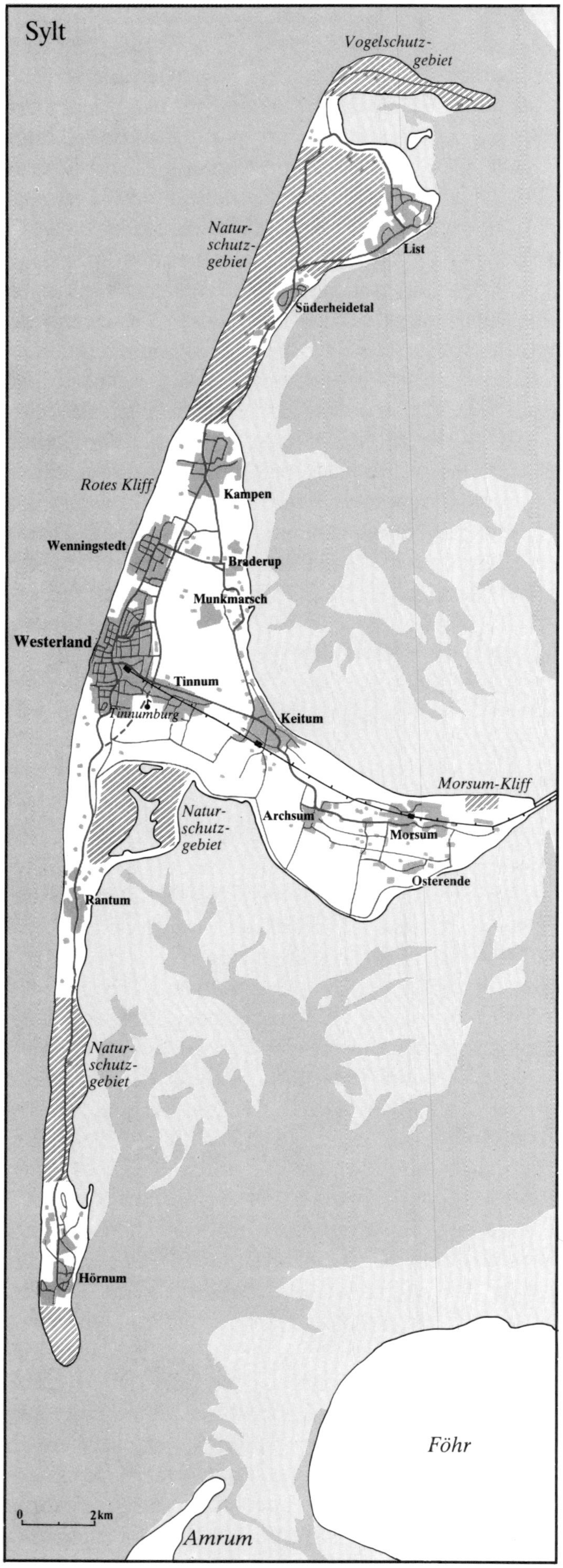

Sylt

Einen neutralen Zeugen will ich bemühen, um nicht in den Verdacht zu geraten, der Deutschen erste Ferieninsel zu preisen. Ein Schweizer soll über Sylt reden, der berühmte Dichter Max Frisch: »Dieselbe Insel, bei Nebel und Regen ganz ins Spukhafte verdämmert, hat plötzlich etwas Antikisches. Eine Luft wie Glas: die Ferne ist fern, aber klar und genau, heiter und endlich.«

Das Lob tut den Syltern gut, nicht nur, weil es aus berufenem Mund, sondern weil es auch aus weiter Ferne kommt. Das Lob signalisiert: Es lohnt sich auch die lange Reise in Deutschlands nördlichsten Flecken. Drei Wege gibt es, die Insel zu erreichen: per Flugzeug, per Schiff (Boot von Amrum oder Fähre von Rømø) und per Auto, das in Niebüll auf die Eisenbahn verladen wird und dann über den Hindenburgdamm nach Westerland rollt. Diesen Weg wählen die meisten Syltbesucher, und sie lernen die Insel gleich von einer ihrer schönsten Seite kennen: An der Nösse, wo der Damm auf die Ostspitze trifft, wurde ein Wald- und Heidegebiet unter Naturschutz gestellt – ein ruhiges Wanderrevier am Morsum-Kliff, dem Steilufer, in dessen Schichten man die Erdgeschichte studieren kann wie in einem Bilderbuch.

Der Zug fährt weiter, vorbei an Hünengräbern und am Bahnhof von Morsum, dem Dorf mit der massigen, fast 800 Jahre alten St.-Martins-Kirche. Die Häuser von Archsum sind hinter den Feldern zu erkennen, Minuten später passiert der Zug den Bahnhof von Keitum, dem vielleicht schönsten Insel-Ort. Hier, im Dreieck Morsum – Archsum – Keitum, lebt noch etwas von den alten inselfriesischen Eigenheiten, hier sprechen noch einige Insulaner das *Söl'ring,* die Sylter Version der auf allen Inseln leicht unterschiedlichen friesischen Sprache. In Keitum, dem Friesendorf mit den herrlichen Kapitänshäusern und den alten Bäumen, sind die zwei schönen Inselmuseen, das »Altfriesische Haus« und das Heimatmuseum. Das Altfriesische Haus des Inselhistorikers Hansen zeigt heute die Sylter Wohnkultur von einst; das Heimatmuseum hat in seiner reichen

1 Sylt, Blick auf die Nordsee ▷

2 Sylt, Westerland, Fahnen an der Strandpromenade

3 Strand von Westerland

4 Sylt, Reitergruppe am Strand von Rantum ▷

6 Sylt, Nordsee

◁ 5 Sylt, Blick auf die Nordsee

7 Sylt, Lichtstimmung über der Nordsee ▷

8 Am Strand von Wenningstedt

9 Häuschen in Kampen

10 Sandformen in den Lister Wanderdünen

11 Sylt, Dünen mit Strandhafer

12 Sylt, Abendstimmung

13 Rotes Kliff, Kampen ▷

177
175
170

GOTT DER

Sammlung auch einen Raum für den friesischen Freiheitshelden Uwe Jens Lornsen. Das eigentliche »Lornsen-Haus«, einer der schönsten Bauten in Keitum, ist nicht zugänglich für Besucher, aber ein beliebtes Motiv für die Fotografen. Das gilt auch für die (häufig verschlossene) St. Severinskirche nördlich des Dorfes. Um die massive Wehrkirche aus dem 12. Jahrhundert spinnt sich eine Sage: Sie soll vom selben Baumeister errichtet worden sein wie das Gotteshaus von Nieblum auf Föhr und die Alte Kirche von Pellworm. In der Tat liegen die drei Kirchen genau in einer Linie und in etwa gleichweiten Abständen voneinander entfernt, der Baumeister kann einst in der Tat mit Tagesetappen zu seinen Baustellen geritten sein, denn damals hatte die Nordsee die Uthlande noch nicht auseinandergerissen. Der hohe Turm von St. Severin, der zeitweise als Gefängnis diente, war einst ein wichtiges Seezeichen, aber auch ein Mittelpunkt des kirchlichen Lebens. Davon zeugen der Taufstein aus dem 12. Jahrhundert, der spätgotische Schnitzaltar, die Renaissance-Kanzel und die 200 Jahre alte, wegen ihre Klangfülle gepriesene Orgel. Ein Feldsteinwall, wie er die Friesenhäuser umgibt, säumt auch den Kirchhof von St. Severin, der eine Reihe sehenswerter alter Grabsteine hat.

Der Zug fährt weiter durch Tinnum, das kleine Dorf mit dem ältesten Haus Sylts (Landvogtei von 1649) und der Tinnumburg, einer Ringwall-Festung aus der frühen Wikingerepoche. Tinnum ist mittlerweile fast ein Vorort von Westerland, wo alle Züge enden. Aber nicht nur deshalb ist Westerland, wo rund 12000 der 22000 Sylter wohnen, das Zentrum der Insel. In Westerland begann Mitte des vergangenen Jahrhunderts der Badebetrieb auf Sylt. Damals schrieb Theodor Mügge in seinem Roman »Der Vogt von Sylt« prophetische Worte: »Legt Seebäder an, und eure Möwen und Seeschwalben werden goldene Flügel bekommen.«

Über vier Millionen Gästeübernachtungen jährlich sorgen mittlerweile dafür, daß nicht nur die Möwenflügel vergoldet sind. Pralle Kassen im September lassen ertragen, daß die Insel am 55. Breitengrad mit einer kurzen Sommersaison auskommen muß – obgleich viele Syltbesucher auf die ruhige Vor- und Nachsaison schwören. Dann ist es die hohe Zeit der ›Gesundheitstouristen‹, die zur Kur auf die heilsame Insel kommen. Wenningstedt vermißt nun zwar

◁ 14 Innenraum der Kirche St. Severin von Keitum mit spätgotischem Flügelaltar

Blick auf Keitum mit St. Severin

seine angestammte Familienkundschaft, aber das Heilbad ist dann immer noch ein gefragtes Ziel. Am weißen Sand der Westküste ist es inzwischen so ruhig wie ansonsten nur im Ortsteil Braderup am Wattenmeer. Seit das Nachbardorf Munkmarsch nicht mehr als Verbindungshafen zum Festland dient, hat der Trubel an der ganzen Ostküste nachgelassen. Der Badebetrieb kapriziert sich auf die westliche Brandungsküste. Selbst das älteste Kulturdenkmal der Insel, das Hügelgrab *Denghoog* aus dem 3. Jahrtausend vor Christus, kann mit den Attraktionen des Strandes nicht konkurrieren. Das Ganggrab wurde 1868 geöffnet, in der fünf Meter langen und drei Meter breiten Kammer wurden wertvolle Grabbeigaben gefunden, die heute im Landesmuseum in Schleswig sind.

Grabhügel wie dieser entzündeten schon früh die Phantasie der Friesen, hier vermuteten sie (auch auf anderen Inseln) die ›Unterirdischen‹, geisterhafte und märchenhaft reiche Zwerge, die es mit den Menschen nicht immer gut meinten. In der Heidelandschaft zwischen Wenningstedt und Kampen, einst ein unwirtliches, unheimliches Terrain, wähnten die Sylter besonders viele jener Spukgestalten. Heute wirbt das Nordseeheilbad Kampen mit seiner schönen Heidelandschaft, mit der idyllischen Lage zwischen Nordsee und Watt. Aber Kampen ist für anderes berühmt geworden: für sein anheimelndes Ortsbild und seine hochkarätigen Stammgäste. Ersteres ist dem Ortsstatut zu verdanken, das weitsichtige Gemeindeväter bereits 1920 erließen und das nur niedrige Bauten, teilweise in Reetbedachung, erlaubt. Das Statut verhinderte zwar bis in die jüngste Vergangenheit hinein nicht die Bauspekulation, aber erhielt doch ein hübsches dörfliches Erscheinungsbild. Deshalb kamen die Reichen, die Berühmten und die Nackten. Und alle mehrten den Ruhm des Dorfes am Roten Kliff und an der Uwe-Düne – 52 Meter hoch und damit der Gipfel Sylts, wenn man den Leuchtturm »Rotes Kliff« nicht mitrechnet, der 62 Meter über der See seine Lichtfinger kreisen läßt.

Nordwärts von Kampen überrascht ein kleines Wäldchen das Auge, vor über 200 Jahren wurden die krummen Bäumchen dem Sandboden und dem Salzwind abgetrotzt: eine Vogelkoje. Diese buschumstandenen Teiche waren holländischen Vorbildern abgeschaut und dienten zum Fang vorüberfliegender Enten, sie sind auf allen Geestinseln zu finden. Heute werden hier keine Enten mehr ›geringelt‹, wie man das Halsumdrehen umschrieb; die Koje ist mittlerweile das Gegenteil, ein Vogelreservat. Weiter nordwärts, entlang des Schutzgebietes Listerland führt die Straße nach List; Deutschlands nördlichster Hafen ist nicht nur Marinegarnison, sondern auch ein Behördenort (Wetterdienst, Biologische Anstalt). Einst war List dank seiner geschützten Bucht im Königshafen auch ein Seeflieger-Standort, nicht zuletzt wegen seiner Tradition als Luftschiffhafen und seiner Fliegerschule. Von List aus unternahm der Flugpionier Wolfgang von Gronau seine aufsehenerregenden Flüge in einem Flugboot nach Amerika und rings um die Welt.

Die absolute Nordspitze Sylts ist der ›Ellenbogen‹, eine abgewinkelte Landzunge, die unter Naturschutz steht und seit über 250 Jahren zwei Familien gehört, deshalb muß man hier auch gesonderten Eintritt bezahlen. Ganz anders sind die Besitzverhältnisse am entgegengesetzten Ende von Sylt, an der Odde von Hörnum. Hier lädt die Nordsee nämlich regelmäßig neuen Sand ab. Das heißt, hier gewinnt die Gemeinde ständig neues Land. Sylt wird dadurch immer länger, den Syltern wäre es aber lieber, wenn ihre Insel nicht zugleich immer schmaler würde. Hörnum, seit Kriegsende auch ein Seebad, rückt jährlich somit rund fünf Meter weiter weg vom ›Hörn‹, der Inselspitze. Den hohen rotweißen Leuchtturm stört das nicht, er ist dennoch

Gottvater und Sohn, Gnadenbild in St. Martin, Morsum. Um 1500

Kirche St. Martin in Morsum

von weitem zu sehen, wenn die Krabbenkutter und die Ausflugsdampfer von Helgoland und aus dem Watt zurückkommen.

In Rantum, zwischen Hörnum und Westerland gelegen, ist man schon skeptischer, wenn man den Landabbau und die Verlängerung der Insel betrachtet. Rantum, nach Ran, der Göttin des Meerestodes benannt, hat allen Grund zu Skepsis. Zweimal wurde das Dorf schon von Wellen verschlungen, zweimal vom Dünen-Flugsand begraben. Immer weiter mußte der Ort nach Osten ausweichen, jetzt ist kein Platz mehr für solche Manöver. Rantum, das feine kleine Bad, sitzt nämlich auf der schmalsten Stelle Sylts: 800 Meter ist hier die Insel nur noch breit. Wenn auch die Dünen jetzt befestigt sind und die Wellen sich an ihnen festbeißen, so geht doch noch mancher Stoßzeufzer um eine sichere Zukunft durch die Kirche »Stella Maris«, die einst übrigens eine Turnhalle und eine Kegelbahn war.

Rantum hat eines der schönsten Vogelreservate Deutschlands vor seiner Haustür, das ursprünglich als Wasserflughafen angelegte Rantum-Becken. Ein beliebter Wanderweg führt über den Deich, der den riesigen Vogelteich vom Meer abtrennt. Hier ist einer der einsamsten, ruhigsten Flecken Sylts, hier hört man nur die Schreie der Seeregenpfeifer, der Rohrweihen, der Lachmöwen. Bei Flut schwappen die Wellen an den Damm, bei Ebbe ist selbst dieses Geräusch verstummt. Dann mag einem das schönste aller Sylt-Gedichte in Erinnerung kommen, »Die Insel« von Rainer Maria Rilke:

Heimatmuseum in Keitum

Die nächste Flut verwischt den Weg ins Watt,
und alles wird auf allen Seiten gleich;
die kleine Insel draußen aber hat
die Augen zu . . .

Typischer Sylter Hof

Föhr

Väter haben es am Vatertag nicht leicht auf Föhr. Überall im Lande können sie sich an diesem Tag mit einem Bierfäßchen auf dem Bollerwagen in die Natur zurückziehen und nach Altväterart feiern. Nur auf der zweitgrößten aller nordfriesischen Inseln ist an diesem Maientag, am Himmelfahrtsfest, anderes angesagt. Dann bricht nämlich halb Föhr auf zur traditionellen Inselumrundung, jedes Dorf in einer eigenen Gruppe. Fast 37 Kilometer sind es, die da binnen eines Tages abgelaufen sein wollen, ein gutes Geschäft für die Drogisten, deren Pflaster und Fußblasensalbe am Tag darauf sehr gefragt sind.

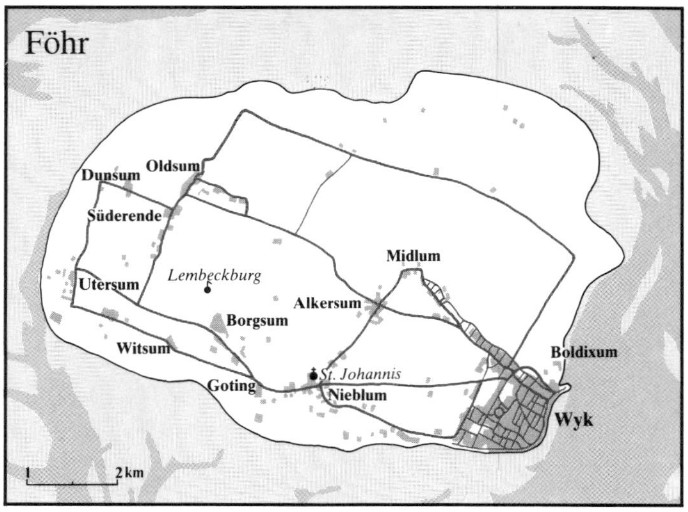

Die größte Gruppe stellen naturgemäß die Wyker, denn in der Inselhauptstadt leben 5000 Menschen, fast die Hälfte aller Föhrer. Folgen wir der Gruppe, die am Hafen nordwärts losmarschiert, auf hohem Deich, zur Rechten das Wattentief, das auch bei Ebbe noch Wasser führt, zur Linken das sattgrüne, tiefe Weideland, von zahllosen akkuraten Entwässerungsgräben durchzogen. Von der Deichkrone herab erkennt man den Zwittercharakter Föhrs: teils Geest-, teils Marschinsel. Das flache grüne Land ist aufgeschwemmte Marsch und muß durch Deiche vor Überflutung geschützt werden; der Inselsüden ist ein höhergelegener Geestkern, er muß nur strekkenweise von Deichen abgeschottet werden. Ein Blick über das Marschland zeigt, daß die Friesen früher hier nicht siedeln wollten, sie zogen die sicheren Geestrücken vor, wo alle Dörfer sind. In der Marsch hängt das Auge nur an den fünf Vogelkojen fest, kleine Wäldchen, in deren Schutz Süßwasserteiche mit Lockvögeln vorbeifliegende Enten anziehen sollten, um sie in Netzen zu fangen. Auf Föhr gibt es noch zwei Kojen, die Fanglizenzen haben, aber mangels Enten lohnt sich das kaum noch. Die Kojenwärter leben heute von den Trinkgeldern der Touristen.

Die halbe Strecke der Inselumrundung führt an der Marsch entlang, im Inselnorden fällt die See bei Ebbe trocken, hier haben sich vor dem Deich schon größere Ländereien mit Salzwiesen entwickelt, die teilweise als Vogelschutzgebiet dienen. Wo sich der Deich allmählich wieder nach Süden wendet und bei klarem Wetter Sylt und Amrum zu sehen sind, rückt die Geest wieder näher. Die Dörfer Oldsum, Dunsum und Süderende sind zu erkennen; Süderende ist das einzige Dorf auf der Insel, das nicht auf -um endet (seit Goting eingemeindet wurde). Die Endsilbe kommt aus dem nordgermanischen Sprachraum und bedeutet ›Heim‹.

Bei Dunsum ist, erkennbar am großen Parkplatz hinter dem Deich, der Beginn des Wattenwegs hinüber nach Amrum. Hier nehmen die geführten Wanderungen ihren Auftakt, die Wattunkundigen sehr empfohlen sind, da das scheinbar harmlose Wattenmeer sehr gefährlich ist, nicht nur wegen auflaufender Fluten, sondern auch wegen seiner plötzlichen Wetterwechsel. Wer beispielsweise in Nebel gerät und seinen Weg verliert, hat mit auflaufender Nordsee kaum Überlebenschancen.

Utersum an der Südwestecke der Insel hat in der Saison ein reges Badeleben; der Weg der Inselumrundung führt hier weiter südlich zur Kurklinik und über Witsum nach Goting, wo ein neun Meter hohes Kliff das einzige Stück Steilküste der Insel bildet. Am Kliff beginnt auch der lange Strand, der sich bis Wyk hinzieht und an zwei Stellen den Nacktbadern reserviert ist. Interessanter ist es aber, von Utersum ins Inselinnere vorzustoßen: Im rechten Winkel zwischen Utersum und Süderende ragt der Turm von St. Laurentii über die alten Bäume des Friedhofs hinweg. Die Kirche entstand im 12. Jahrhundert, wurde aber in der Folge verschiedentlich um- und ausgebaut. Die lichtdurchflutete Kirche ist bekannt für ihre Fresken im Dachgewölbe, die im 17. Jahrhundert entstanden, und für ihren geschnitzten Flügelaltar mit 12 Heiligen, der im 15. Jahrhundert angefertigt

15 Föhr, Krabbenkutter vor Wyk, im Hintergrund die Warften von Langeneß ▷

wurde. Auch der romanische Taufstein, Ende des 12. Jahrhunderts wie ein Pokal aus Granit gehauen, die Tür zur Sakristei und die Kanzel (beide 17. Jahrhundert) sind beachtenswert, dasselbe gilt für die zwei Kronleuchter, die vom ›Glücklichen Matthias‹, einem erfolgreichen Walfangkapitän, gespendet wurden. Dessen Grab ist auch das bekannteste unter den zahlreichen barock verschnörkelten Grabsteinen auf dem Friedhof. Das Alte Pastorat von St. Laurentii im nahen Süderende ist heute ein schönes Restaurant, das weithin als Gourmettempel gepriesen wird, meines Erachtens ein etwas übertriebenes Lob.

Zwei Straßen führen von der Kirche hinüber nach Borgsum, die nördliche passiert die Lembeckburg, eine Wikinger-Fluchtburg aus dem 9. oder 10. Jahrhundert, von der nur noch die etwa acht Meter hohen Außenwälle erhalten sind. Diese umschließen einen Kreis von etwa 100 Metern. Ihren Namen verdankt die Festungsruine dem Ritter Klaus Lembeck, der 1362 die Insel vom Dänenkönig zum Lehen erhielt, aber durch seine brutale Herrschaft ein Eingreifen von König Waldemar Atterdag erzwang. Die königlichen Truppen belagerten die Wälle, aber Lembeck soll, so erzählen die Chroniken, die Flucht auf einem kleinen Schiff gelungen sein, da damals noch eine direkte Wasserverbindung zum Meer bestand.

Über Borgsum geht es nach Nieblum, dem schönsten Inseldorf, eine Idylle aus alten, reetgedeckten Friesenhäusern unter hohen alten Bäumen. Am nördlichen Dorfrand erhebt sich wuchtig die größte der drei Inselkirchen, St. Johannis, der ›Friesendom‹. Einst war er, weil von beiden Inselenden gleich gut erreichbar, die Hauptkirche von Föhr. Der Bau entstand gegen Ende des 12. Jahrhunderts, aus jener Zeit stammt auch noch der Taufstein, der frühchristliche Reliefs, zum Beispiel den ›Löwentöter‹, zeigt; Prachtstück ist aber der Flügelaltar aus dem 15. Jahrhundert, der 14 Heilige und die Krönung Mariens darstellt. Die geschnitzte Kanzel entstand in der Spätrenaissance, der Flensburger Künstler Hinrich Ringering schuf sie 1618; zwei Jahrhunderte älter sind der Sakramentenschrank und die Holzplastik von Johannes dem Täufer.

»Zu Nieblum will ich begraben sein, am Saum zwischen Marsch und Geest...«, schrieb 1907 Christian Morgenstern, der von dem Friedhof der Johanniskirche mit seinen geschichtenreichen Grabsteinen fasziniert war. Der Wunsch des Poeten ging nicht in Erfüllung, aber die Faszination der Inselfriedhöfe hat seither nicht nachgelassen. Das gilt auch für den Gottesacker der dritten Kirche Föhrs, des trutzigen Baus von St. Nicolai in Boldixum am Stadtrand von Wyk. Deren Grundstein wurde im 13. Jahrhundert gelegt, die Backsteinkirche ist verschiedentlich umgestaltet worden. Aus der Gründungszeit stammt der Taufstein, der einst auf der schwedischen Insel Gotland entstanden war; der Flügelaltar ist aus dem 17. Jahrhundert. Weitaus älter, nämlich aus dem 13. Jahrhundert, ist die Eichenfigur des Kirchenpatrons, des heiligen Nikolaus, der im 4. Jahrhundert als Bischof von Myra zahlreiche Wunder gewirkt haben soll. Nikolaus ist einer der beliebtesten Schutzheiligen, neben Kindern und Seeleuten

St. Johannis in Nieblum

◁ 23 Romanischer Granittaufstein aus dem 12. Jahrhundert, Kirche St. Johannis, Nieblum

Fresko in der Kirche St. Laurentii, Südermole. 17. Jh. ▷

◁ St. Nicolai in Boldixum

Der heilige Nikolaus, Schutzpatron der Kirche St. Nicolai. 13. Jh.

betrachten ihn noch viele andere Gruppen als ihren Nothelfer. Unter seinem Schutz versammelten sich 1426 auch Repräsentanten von sieben uthländischen Verwaltungsbezirken, um gemeinsam eine Rechtsordnung schriftlich festzulegen, die erste Frieslands.

Von der Kirche aus ist es nur noch ein Spaziergang in das Stadtzentrum von Wyk, zum Sandwall. Die baumbestandene Promenade am Badestrand ist anläßlich der Sommerbesuche des Königs von Dänemark entstanden, ihm verdankte Wyk, das nach Ende der Walfangzeit fast pleite war, eine neue Karriere als Seebad. Der heilsame Ruhm wurde allerdings erst um die Jahrhundertwende gefestigt, als mehrere Ärzte die Vorteile Wyks zu Kuren ummünzten. Einer der bekanntesten dieser Ärzte, Professor Dr. Carl Häberlin, setzte sich aber nicht nur für die medizinische Aufwertung Föhrs ein, er war auch die treibende Kraft hinter dem von ihm gegründeten ›Naturwissenschaftlich-kulturhistorischen Verein‹, dem Wyk sein vorzügliches Friesenmuseum verdankt. Es war nur zu gerecht, daß die Wyker Häberlin zum Namenspaten ihrer schönsten alten Gasse unmittelbar am Sandwall machten.

Hier endet die Inselrundfahrt, hier endet zumindest für die Wyker auch die Wanderung rund um die Insel am Himmelfahrtstag. Die meisten Wanderer sinken ermattet auf die Stühle der Straßencafés, verlangen ein kühles Bier und ziehen die Schuhe von den geschundenen Füßen. 37 Kilometer sind geschafft! Einige Wanderer haben noch ein paar Meter zugelegt, sind die Küstenlinie im Deichvorland auch noch abgeschritten. Warum? So kommen sie, wie Uwe Zacchi in seinem Föhr-Buch berichtet, auf 40 Kilometer – genau ein Tausendstel einer Erdumrundung. In der Tat: Eine Insel kann ein kleiner Kosmos sein.

Pellworm

Wie ein Fettauge liegt Pellworm im Wattenmeer, rundlich, tiefgrün und strotzend von saftigen Weiden, durch die sich Drainagekanäle wie Lebensadern ziehen. All das ist fein säuberlich umringt von einem hohen Deich und ordentlich wie ein Handwerkskasten unterteilt durch innere Dämme, die einen Koog vom nächsten trennen und zeigen, wie die Insel seit der Fast-Vernichtung von 1634 allmählich wieder wuchs, Koog für Koog. Aus der Luft sieht man Pellworm nicht mehr an, wie gefährdet es einst in der tobenden See war und wie gefährdet es heute sein könnte ohne den Schutz der Deiche. Glücklich

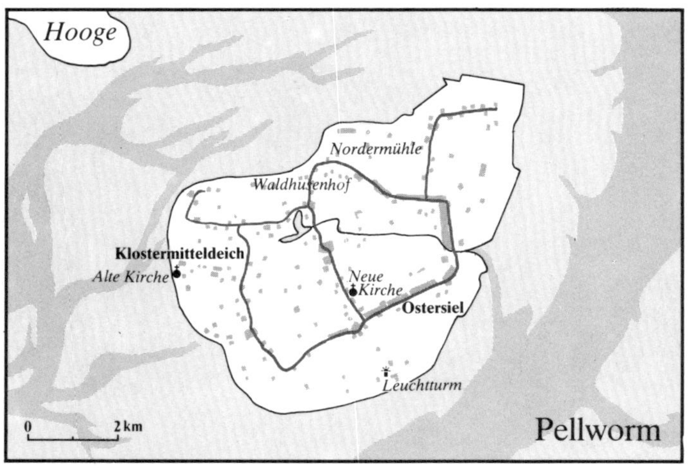

sieht es aus der Vogelperspektive aus, etwa 37 Quadratkilometer weit, satt und platt.

Zu ebener Erde verschieben sich die Akzente, wachsen dramatisch in die Senkrechte. Der rund acht Meter hohe Außendeich bestimmt den Horizont, gibt ein Gefühl von Sicherheit und Geborgenheit. Nur drei Bauten ragen deutlich über diese Begrenzung hinaus, die Mühle im Norden, der Leuchtturm im Süden und der Turm der Alten Kirche im Westen. Drei Gebäude, die – jedes in seiner Art – für Schutz und Fürsorge stehen. Dies sind auch die Hauptanziehungspunkte für alle Inselbesucher, und das sagt gleichermaßen etwas über die Insel und ihre Gäste. Pellworm kann nicht locken mit dramatischen Landschaftsszenen, mit Brandungsfreuden an weißen Sandstränden und Nachtleben. Pellworms Sommerfrischler, überwiegend Stammgäste, wissen das und schätzen die Ruhe, die hier zu finden ist, die Beschaulichkeit der Attraktionen wie der ›Blaue Pesel‹ im schönen alten Waldhusenhof.

Dabei hat die Alte Kirche wahrlich weniger beschauliche Zeiten erlebt, davon zeugt die mächtige Turmruine aus Ziegelsteinen selbst nach ihrem Einsturz noch. Der Turm war weit höher. Historiker sprechen von 60 Metern, 26 sind davon übriggeblieben. Daß dieser Turmbau einst nicht nur ein Seezeichen ersten Ranges war, sondern auch Begehrlichkeiten bei den Galgenvögeln erweckte, liegt nahe: 1452 fiel der gefürchtete Seeräuber Cord Wiederick mit seinen Männern über die damals noch existierende Insel Strand her, brandschatzte den Westen der Insel und nistete sich in dem festungsähnlichen Turm ein, von hier aus bereitete er seine Raubzüge durch das Watt vor. Später zog er wieder weiter mit seiner Beute, darunter mit dem Kirchenschatz der Alten Kirche. Nur ein Stück ist später wieder aufgetaucht, der Taufstein. Der Pirat hat sie, als sein Sterbestündlein nahte, der St. Clemens-Kirche in Büsum gespendet, nun wohl in Sorge um sein Seelenheil.

Der Turm, der weiter zu zerbrechen drohte und immer wieder verwitterte Ziegel auf die Gräber der unbekannten Seetoten zu seinen Füßen poltern ließ, ist Mitte der achtziger Jahre in fünf Bauabschnitten und für 500 000 Mark renoviert worden. Ein Teil des Geldes kam aus Spenden der Touristen zusammen, die dieses markanteste Bauwerk Frieslands erhalten sehen wollen. Seither ist der rührige Pastor von St. Salvator, wie die Alte Kirche mit ›Taufnamen‹ heißt, wieder auf dem Sammelpfad, eine Drittelmillion braucht er mindestens, um das Prachtstück seiner Kirche, die Arp Schnitker-Orgel, in aller Gründlichkeit restaurieren zu lassen. Die Orgel, die einzige des berühmten Meisters nördlich der Elbe, ist zwar schon mehrfach überarbeitet worden, jetzt soll sie aber »für Enkel und Urenkel gesichert werden«, wie der Pastor sagte. Schnitker hat die Orgel 1711 nach Pellworm bringen lassen, 100 Jahre, nachdem der Turm zusammenbrach und die Kirche unter sich begrub. Den Neubau, die heutige ›Alte Kirche‹, errichtete man mit ein paar Schritt Abstand von der Turmruine. Man traute diesem Turm wohl nicht mehr so recht. Bewahrt werden konnte der Altar, ein beeindruckendes Schnitzwerk vom Ende des 15. Jahrhunderts mit einer zentralen Kreuzigungsszene und zwei Flügeln. Aus demselben Jahrhundert ist das Taufbecken, es war 1475 für die Kirche in Buphever angefertigt worden und ersetzte nach der Sturmflut, in der Buphevers Kirche unterging, den von

24 Pellworm, Blick zur Nordermühle

27 Typisches Pellwormer Bauernhaus auf einer Warft

28 Pellworm, Stube im Waldhusenhof – blauer Pesel ▷

29 Kulturspuren im Watt vor Pellworm, Sodenbrunnen eines in der Sturmflut von 1634 versunkenen Hofes von Alt-Nordstrand

30 Pellworm, auflaufende Flut

Wiederick geraubten Taufstein. Sehenswert sind in der Kirche auch Kanzel und Beichtstuhl, erstere vom Anfang, letzterer vom Ende des 17. Jahrhunderts. Doch auch die ›Neue Kirche‹, die auf eine Kapelle des 16. Jahrhunderts zurückgeht, aber im 19. Jahrhundert erst ihre heutige Form erhielt, hat eine Vielzahl von Schätzen, die aus flutzerstörten Kirchen gerettet wurden, in ihren Mauern; das bekannteste Werk ist der Altaraufsatz, der aus der einstigen Kirche von Ilgroff stammt. Das ehemalige Pastorat der Neuen Kirche, ein schmuckes Friesenhaus auf einer Nachbarwarft, ist heute ein Gemeindezentrum, dieses Anton-Heimreich-Haus beherbergt unter anderem auch das Informationszentrum der ›Schutzstation Wattenmeer‹. Die kleine katholische Gemeinde hat im reetgedeckten Momme-Nissen-Haus ihre Kapelle, besichtigenswert sind die modernen Glaskunstfenster, die geschichtliche Szenen unter anderem mit dem Untergang der alten Insel Strand zeigen.

An ein trauriges Ereignis hat auch jahrelang ein Ausstellungsstück auf der Tammwarft erinnert, der Bugsteven des Wikingerschiffs ›Ormen Friske‹. Mit dem Nachbau nach historischen Bauplänen wollten 1950 vierzehn schwedische Studenten eine Reise in

Alte Kirche von Pellworm

◁ 31 Detail aus dem Altar der Alten Kirche in Pellworm. 1470

Schnitker-Orgel in der Alten Kirche von Pellworm. 1711

Anna Selbdritt. Norddeutsche Holzskulptur in der Neuen Kirche von Pellworm. Um 1500

die Nordsee unternehmen. Sie kamen alle im Watt um, auf dem Heimatlosenfriedhof bei der Alten Kirche ehrt sie ein Gedenkstein, der in vielen Reiseführern noch erwähnte Ormen Friske-Bug existiert aber nicht mehr. Zu den eher fröhlich stimmenden Erinnerungsstätten der Insel gehört der Liliencron-Hof mitten im Großen Koog, obschon der Dichter seine Zeit als Hardesvogt (1882–83) nicht allzu sehr genossen hat, ihm fehlte entgegen allen seinen Beteuerungen der städtische Trubel. Er hat aber das Beste aus seiner Inselzeit gemacht, hat bei Wein, Weib und Tanz die bescheidenen Freuden Pellworms ausgelebt; beim dritten oder vierten Köm erzählen die Pellwormer gerne die Geschichten, die sie von ihren Großmüttern über den flotten Vogt gehört hatten. Der Baron aber griff klagend zur Poetenfeder und verfaßte ein Gedicht unter dem Titel »Verbannt«, unter anderem heißt es darin: »Verdammt bin ich auf dieses öde Eiland«.

In demselben Gedicht heißt es an anderer Stelle ärgerlich: »Poltert der Sturm nicht, nörgelt Windgewinsel . . .« Der dichtende Beamte war gewiß der einzige, der über der Wind nörgelte, den anderen Pellwormern war er stets willkommen. 14 Windmühlen rotierten einst auf der Insel, erst Bockwindmühlen, die auf einem Fuß aufgebockt waren und jeweils in den Wind gedreht werden mußten, dann die glukkenhaften Holländer Windmühlen, die sich selbst dem Wind zuwandten. Als letztes dieser Windmahlwerke ist die Nordermühle erhalten und restauriert worden, sie dient heute als Restaurant und Café, arbeiten muß der Wind in ihren Flügeln nicht mehr. Das muß er aber um so mehr in den noch tätigen der acht unterschiedlichen Windkrafträder, die in einem Versuchsfeld stehen. Hier wird erprobt, inwieweit sich die Windkraft zur Energiegewinnung nutzen läßt. Die Windräder sind zwar weitaus kleiner als das Riesenwindrad ›Growian‹ auf dem schleswig-holsteinischen Festland, waren aber auch nicht so eine Riesenpleite wie der 1985 stillgelegte Growian. Zufrieden waren die Wissenschaftler mit ihren Pellwormer Windfängern allerdings auch nicht richtig, die dänischen Modelle hätten zwar bessere Ergebnisse gebracht als die deutschen Versuchsräder, aber insgesamt sei das Ergebnis hinter den

Blauer Pesel im Waldhusenhof

Erwartungen zurückgeblieben, kommentierte ein Sprecher des regionalen Energie-Unternehmens Schleswag. Zufriedener ist man bei der Schleswag mit dem einzigartigen Solarkraftwerk neben den Windmühlen, 1983 schloß die AEG die Sonnenzellen, die zusammen eine Fläche von 28000 Quadratmeter haben, an die Versorgung des Kurzentrums an. Das größte Kraftwerk dieser Art in Europa bringt es auf eine Spitzenleistung von 300 Kilowatt, diese fließen, wenn sie nicht sofort benötigt werden, in Speicherbatterien der Firma Varta. Das auf 26 Grad erhitzte Wasser im Hallenbad lebt ebenso von dieser Energiequelle wie das Heißwassersprudelbad; für längere Schlechtwetterperioden steht natürlich auch die konventionelle Energie zur Verfügung.

Schrittmacher der Energietechnik war Pellworm schon, ehe es überhaupt an das schleswig-holsteinische Stromnetz angeschlossen war. Das unübersehbare Exempel ist der Leuchtturm, der 1905 aus sich verjüngenden Eisenringen gebaut wurde. Als er 1907 in Betrieb genommen wurde, blinkte schon elektrisches Licht aus der Kuppel, obwohl erst 1942 ein Stromkabel durch das Wattenmeer nach Pellworm gelegt wurde. Zwei Dieselmotoren füllten zuvor die Akkumulatoren des rot-weißen Turms, der inzwischen automatisch gesteuert wird, aber mit seinen knapp 38 Metern Höhe immer noch das überragende Bauwerk der Insel ist. Er scheint manchmal wie ein gestreckter Finger zu sein, der daran gemahnt, daß die Landflucht der Jugendlichen und die Agrarquoten-Regelungen der Europäischen Gemeinschaft nicht die einzigen Probleme dieser abgeschiedenen Welt sind, daß jenseits des Deiches der Blanke Hans herrscht.

Pellworm, versunkene Spuren im Watt: Alte Kaianlage aus der Zeit vor der Sturmflut von 1634

Ackerspuren im Watt vor Pellworm aus der Zeit vor der Sturmflut von 1634

Fauna und Flora im Watt und auf den Außensänden

Eine Scholle von der eigenen Scholle? Für den Halligbauern ist das möglich. Wenn sein Land von der See überspült war, bleibt so mancherlei Getier in den Halligprielen zurück, darunter auch hin und wieder eine Scholle, Flunder oder Seezunge. Aber außer diesen Plattfischen gibt es recht wenig ausgewachsene Fische im Wattenmeer. Und warum wird es immer die ›Kinderstube der Fische‹ genannt? Weil die Fischbrut im algen- und kleintierreichen Gezeitenmeer wie in einer Nährlösung schwimmt. Größere Fische sind aber bei Ebbe zu sehr gefährdet, deshalb ziehen sie sich in die tiefere See zurück. Dort legen viele ihre Eier ab, dort schlüpfen auch die Jungfische. Diese werden dann von der Strömung in die flachen, nahrungsreichen Küstengewässer getrieben, wo sie sich einen Sommer lang mästen, ehe sie zu den Großen in die Nordsee entschwinden. Dorsche, Wittlinge und Heringe nutzen diese gastliche Kinderstube; Makrelen und Hornhechte – geschätzte Delikatessen der Insulaner – kommen im Sommer zum Laichen ins Watt. Aber dennoch, die Fischerei lohnt sich hier nur als Krabbenfang – wobei die ›Krabben‹, die nachher fangfrisch vom Kutter verkauft werden, in der Regel kleine Garnelen sind.

1–5: Wattwanderwege zu den Außensänden

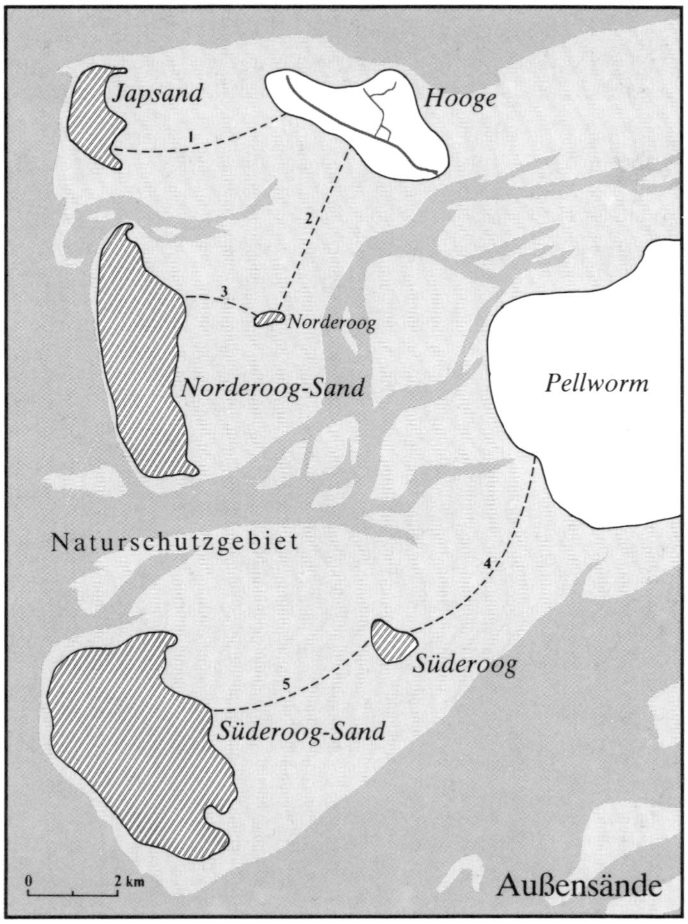

An Kleintieren, ob es nun Krabben, Muscheln, Schnecken oder Würmer sind, mangelt es im Watt nicht. Auch wenn man es der scheinbar toten Oberfläche nicht ansieht: Unter der schützenden Schlick- und Sandfläche brodelt ein Leben wie in kaum einem anderen Stück Erde. Algen, Plankton und sonstige Sinkstoffe besorgen den biologischen Minis einen reichgedeckten Tisch. Aber davon bleiben kaum Zeugnisse, sieht man von den allgegenwärtigen ›Sand-Spaghetti‹ ab, von den Kothäufchen der Sandwürmer. Auch Muschelschalen zeugen vom wimmeligen Leben, das ausbricht, wenn die Flut zurückkehrt. Die bekanntesten Schalen sind blauschwarz und gehören den Miesmuscheln, die auch auf binnenländischen Tellern geschätzt werden.

Ansonsten aber profitieren die Menschen recht wenig von der (bisweilen nur mikroskopischen) Fauna des Wattenmeer. Hauptnutznießer ist die Vogelwelt, die folglich auch zwischen Sylt und Eiderstedt in zahlreichen Varianten und in riesigen Schwärmen zu beobachten ist. Die bekanntesten Vögel sind die Silbermöwen, die regelmäßigen Begleiter der Schiffe und Fähren, aber auch Lachmöwen und Sturmmöwen sind häufig zu sehen. Wie die Möwen sind auch die Seeschwalben gute Flieger, Küsten- und Zwergseeschwalben gehören zu den verbreitetsten Arten. Im Gegensatz zu den Möwenvögeln, die ihre Beute im Flug suchen, lassen sich die Enten und Wildgänse entweder im Wasser oder auf dem Land nieder, um Futter aufzustöbern. Die Enten vermehren sich neuerdings wieder, seit sie nicht mehr in den Vogelkojen gefangen werden – einst wurden in guten Jahren über 20000 Enten während einer Saison je Vogelkoje gefangen. In Wyk arbeitete früher eine Konservenfabrik allein für die Verarbeitung der erbeuteten Vögel. Heute wächst wieder die Zahl der durchziehenden Stock-, Krick-, Löffel-, Eider- und Brandenten (letztere werden meist als Brandgänse bezeichnet), die Zahl der geschützten Ringelgänse ist mittlerweile so groß, daß die Halligbauern befürchten müssen, von ihnen die Weiden kahlgefressen zu bekommen. Aber auch die Herden der Weißwangengänse werden von den Insulanern mißtrauisch beäugt.

Jedermanns Liebling sind hingegen die Wattenläufer, eine bunte, lärmende Schar von Stelzvögeln:

32 Austernfischer

33 Ein Seehund blickt neugierig aus dem Wasser

34 Seehunde auf einer den Halligen vorgelagerten Sandbank

35 Wattwanderer vor Süderoog

36 Blick vom Japsand zur alten Kirche von Pellworm (Luftspiegelung)

37 Süderoogsand

38 Rettungsbarke auf Süderoogsand ▷

39 Krabbenkutter vor den Außensänden

Grünschenkel, Rotschenkel, Sandregenpfeifer und Seeregenpfeifer. Selbst für Laien leicht erkennbar sind die Austernfischer in ihrem schwarz-weißen Gefieder und mit den roten Beinen und Schnäbeln, aber auch die graziös einherstakenden Säbelschnäbler sind mühelos auszumachen im Millionenheer der flügelschlagenden Sommergäste. Spätestens mit den Herbststürmen schwingen sie sich auf in Richtung Süden. Aber auch dann empfängt das Watt noch Gäste, manche sind treue Überwinterer und fürchten keinen Frost, die lustig gezeichneten Eisenten beispielsweise oder die Eiderenten. Sie scheinen nicht zu frieren, kein Wunder, wenn man eingehüllt ist in echte Eiderdaunen.

Die Enten fischen im Winter in den Muschelbänken und nutzen den Umstand, daß das Watt so gut wie nie zugefroren ist. Das Watt bleibt selbst in den kalten Monaten ein wohlbestelltes Futterfeld. Auch für Menschen soll es das werden, wenn es nach dem Willen der Wissenschaftler geht: Sie wollen ›Marikulturen‹, Meeresfarmen, für die kontrollierte Aufzucht von Fischen und Austern anlegen. Versuchskulturen für die Austernzucht existieren beispielsweise schon bei Sylt und Amrum. Einst waren die Austern an der ganzen Nordseeküste verbreitet, dann starben sie aber ab, weil das Wasser nicht mehr sauber genug war. Wenn diese empfindlichen Tiere nun wieder überleben, heißt das, daß die Nordsee sauberer geworden ist? Leider nein. Man hat jetzt die robusteren Pazifik-Austern angesetzt. Die Nordsee-Austern hätten in der Nordsee keine Überlebenschance.

Die gefährliche Verseuchung dieses Randmeeres zwischen Großbritannien und Skandinavien gefährdet auch das einzige Säugetier im Watt, den Seehund. Er ist das letzte Glied einer Futterkette, die vom Plankton bis zum Fisch, seinem Hauptnahrungsmittel, reicht; im Seehund sammeln sich die Rückstände dieser Kette. Naturschützer beobachten mit Sorge, daß sich zwar die Zahl der Seehunde im Watt vermehrt, seit sie nicht mehr im bisherigen Umfang gejagt werden dürfen, daß aber zugleich die Zahl der kranken Tiere wächst. Gefährlich ist ferner die Tatsache, daß die Seehunde zu oft auf ihren Ruhebänken gestört werden. Seehunde können zwar auch im Wasser treibend schlafen, aber junge Seehunde können nur an Land säugen. Wenn sie dabei gestört werden, fliehen Mutter und Jungtier ins Wasser. Geschieht das häufig, kann das Jungtier nicht genug Fett ansetzen und verliert dadurch an Widerstandskraft. Bei einer Untersuchung im niedersächsischen Watt hat man festgestellt, daß nur 35 bis 40 Prozent eines Seehund-Jahrgangs das zweite Lebensjahr erreichen. Im schleswig-holsteinischen Watt, das als weniger gestört gilt, werden diese Zahlen besser sein, zufriedenstellend sind sie aber auch dort nicht. Sportboote und speziell arrangierte Beobachtungsfahrten zu den Seehundbänken bringen auch im nordfriesischen Watt zuviele Störungen.

Vogelnest mit Jungvögeln

Seeschwalben

Der Nationalpark wird dieses Problem verringen, eine Hilfe gegen die Verseuchung der Nordsee ist er aber leider auch nicht.

Relativ ungestört sind die Seehunde auf den ›Außensänden‹, drei ausgedehnten Sandbänken, die westlich vor Pellworm und Hooge wie Wellenbrecher an der Grenze zur tieferen Nordsee liegen. Von Nord nach Süd sind dies Japsand, Norderoog-Sand und Süderoog-Sand, die beiden letzten sind

Vogelinsel Norderoog

nicht zu verwechseln mit den Halligen Norderoog und Süderoog, die weiter östlich im Schutz der Sände liegen. Die Außensände liegen gut einen Meter über dem normalen Hochwasserpegel, werden aber bei allen höheren Fluten regelmäßig überschwemmt. Im Sommer entstehen auf den Sänden bei sturmflutfreien Wetterlagen regelmäßig höhere Dünen, in denen bisweilen sogar einfache Pflanzen wachsen, die Winterwogen ebnen diese Dünen aber ständig wieder ein. Zugleich schieben sie die riesigen Sände ganz allmählich in Richtung Osten.

Zu den abgehärteten Vertretern der Flora, die sich in guten Sommern auf den Außensänden versuchen, gehören die Binsenquecke, die Salzmiere und bisweilen die Stranddistel, jene Pflanzen also, die auch auf den Inseln den Grundstock der Dünenbepflanzung bilden. Auf den Sänden haben sie nur ein begrenztes Leben, auf den Dünen gesellen sich aber bald Strandhafer, Strandroggen, Strandplatterbse und Dünenrose hinzu, allesamt Pflanzen, die der Sandstrahlkombination aus Wind und Quarzkörnchen widerstehen können. Sie halten den Sand überdies fest und erhöhen allmählich die Dünen, so einen Windschutz schaffend für die Heideflächen oder die Nadel- und Birkenwäldchen im Hinterland. Die Dünenpflanzen mögen allerdings das Salzwasser nicht, getränkt werden wollen sie von Regenwasser.

Aber es gibt auch Pflanzen, die das aggressive Salzwasser vertragen, ja es sogar brauchen. Dazu gehört in erster Linie das Seegras, das oft mit einer Alge verwechselt wird, aber eine richtige Blütenpflanze ist. Es wächst unter der Hochwassermarke und steht bei Überflutung wie ein Algenfeld im Wasser, wenn das Gebiet bei Ebbe trockenfällt, liegt das Seegras strähnenförmig am Boden. Unter Wasser ist es konkurrenzlos, am Meeressaum und auf den oft überfluteten Halligen hat es allerdings eine kräftige Konkurrenz in dem Queller, dem Schlickgras oder der Salzmelde. Diese weitgehend salzresistenten Pflanzen, vor allem der Queller, gelten als Landgewinner ersten Ranges, weil sie bei Hochfluten die Schlick- und Sinkstoffe festhalten und zu einem höheren Erdreich aufschichten, auf dem später andere Pflanzen ungefährdet von den Salzwellen siedeln können. Deshalb wird der Queller auch in ›Anlandungen‹ bewußt ausgesät, um die Landgewinnung zu beschleunigen. Der Queller, ein blattloses Gewächs aus verknorpelten Spitzen, wird an der Küste gerne als ›Pionier im Watt‹ gerühmt.

Wo der Landgewinnungsprozeß fortgeschritten ist, entstehen die Salzwiesen. Sie liegen normalerweise über der Hochwassermarke, werden aber bei entsprechend hoher Flut auch überschwemmt. Deshalb entspricht ihr Bewuchs in etwa dem der Halligen (ausgenommen Hooge, das mit einem Sommerdeich gegen kleine Fluten gesichert ist und deshalb eine Frischwasserbepflanzung hat). Straußgras, Strandbeifuß, Tausendgüldenkraut, Strandaster, Löffelkraut wachsen hier, viele verwandeln die Salzwiesen und Halligen im Frühsommer in eine blühende Pracht. Im Sommer folgt der Strandflieder, auch Bondestave genannt. Gäbe es eine ›Nationalblume‹ für die Halligen, so wäre es der rötlich-lila blühende Strandflieder. Er steht unter Schutz wie viele der Salzpflanzen, die nur auf den relativ kleinen Flächen der Salzwiesen und Halligen eine Heimstatt haben. Deshalb fordern Naturschützer auch einen generellen Schutz für diese Salzwiesen außerhalb des Wirtschaftslandes, vor allem plädieren sie für ein Weideverbot. Die Halligbauern, die ihr Vieh und ihre Schafe auf die Salzwiesen treiben,

Wattwanderer nach Süderoog

argumentieren dagegen, der Bewuchs müsse beweidet werden, um ihn kurz zu halten. Nur mit einer kurzen Pflanzendecke könne das Land zusammengehalten werden, in einer hochwuchernden Decke könnten hingegen Wind und Wetter ihre erodierenden Kräfte ansetzen. Das ist ein Streit, den Experten beurteilen und entscheiden müssen. Aber auch Laien, wie es die meisten Touristen im Watt wohl sind, können helfen beim Erhalt dieser raren Pflanzen, indem sie keine, ob geschützt oder nicht geschützt, abreißen. Das Watt, diese fragile Landschaft, braucht jeden Halm und jede Blüte.

Hallig Süderoog, Haus Paulsen

Heckfigur der spanischen Bark ›Ulpiano‹, gestrandet am 24. 12. 1870 an der Sandbank vor Süderoog, über der Eingangstür von Haus Paulsen

Hallig Hooge

Auf Hooge sprechen sie nur von den ›3 K-Touristen‹. Das sind die Tagesbesucher, die je nach Ebbe und Flut morgens oder mittags mit dem Ausflugsschiffchen anlegen, ein paar Stunden über die gut 600 Hektar große Hallig kreisen und dann mittags oder nachmittags wieder verschwinden. Ihr Weg ist immer der gleiche: Kirche, Königspesel, Kneipe – dreimal K.

Vor allem der Königspesel ist eine große Attraktion, er trägt sein Scherflein dazu bei, daß die zweitgrößte Hallig die meistbesuchte ist. Hooge war – wie alle Halligen – einst viel größer als heute: 1768 wurden hier 15 Warften mit 480 Einwohnern registriert, heute leben in den Häusern der neun Warften nur noch rund 130 Menschen ständig. Sie haben es ein wenig leichter als ihre Nachbarn auf den anderen neun Halligen, denn nicht jedes Mal, wenn das Radio für Nordfriesland »Land unter« meldet, schwappt auch auf Hooge die Flut an die Warften.

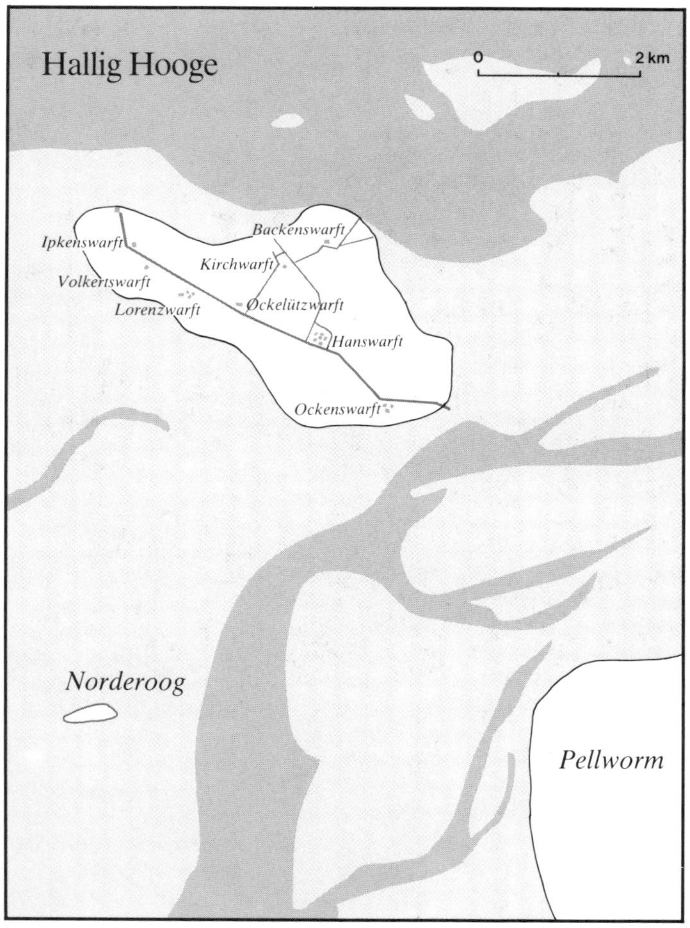

Das oval-längliche Eiland erhielt nämlich in den Jahren zwischen 1911 und 1914 einen ›Sommerdeich‹, so genannt, weil er den meist schwächeren Fluten im Sommer Paroli bieten kann, bei hohen Fluten aber überschwemmt wird. Seit dieser gut zehn Kilometer lange, flache Damm die Hallig umrundet, hat die Zahl der Überschwemmungen deutlich abgenommen. Damit ›wächst‹ die Hallig aber auch nicht mehr in dem Maße wie bisher, wo nach jeder Überflutung eine Schlickschicht zurückblieb, so, wie es jetzt noch auf den anderen Halligen geschieht. Wenn Hooge nun aber dennoch überschwemmt wird, muß das Sielkomitee der Insel an die Arbeit gehen und die Schleusen im Deich öffnen, damit die Flut wieder ablaufen kann. Auf den anderen Halligen braucht man solche Schleusen nicht. Aber auch der mit großen Steinen abgedeckte Sommerdeich bedarf der Vorsorge, fünf Arbeiter sind das ganze Jahr damit beschäftigt, schreibt Günter Schirrmacher in seinem kenntnisreichen Hooge-Buch.

Mit dem Sommerdeich kam auch die erste große Veränderung des Lebens auf der Hallig, die zweite sollte ein halbes Jahrhundert später folgen. Vor der Befestigung der Hallig war alles Land in gemeinschaftlichem Besitz, zwar nicht wie in der klassischen ›Allmende‹ germanischen Ursprungs, wo das Land einer Dorfgemeinschaft gehört und gemeinschaftlich genutzt wird, sondern als Gemeinbesitz jeweils einer Warft. Die Warftbewohner schlossen sich zu einem ›Bohl‹ zusammen und teilten sich ihr gemeinsames Land zu. Sinn dieser Aufteilung war es, Landverluste durch die See gemeinschaftlich zu tragen. Ähnliche Regelungen bestanden auf allen Halligen. Auf Hooge wurden sie überflüssig, da der Deich die Landverluste weitgehend verhinderte. Aber es dauerte dennoch ein Vierteljahrhundert (bis 1938), ehe die Hooger Halligbauern sich von ihrer alten Regelung trennten. Bei den anderen Halligen sollte es noch länger dauern, was verständlich ist, da diese nur durch eine befestigte Steinkante gesichert sind.

Daß es mit dem Sommerdeich allein nicht getan war, daß noch mehr Schutz für die Hallig und ihre Bewohner geleistet werden mußte, bewiesen die Sturmfluten von 1962 und 1967. Sie gingen glimpflich ab, was den Schaden an Leib und Seele anlangte (einige Rinder ertranken), aber die Häuser der Hooger waren mehr oder minder stark zerstört. Das beschleunigte die Sanierungspläne nach dem ›Programm Nord‹, die Warften wurden erhöht, neue, stabilere Häuser mit mehr Komfort und Platz ersetzten die alten kleinen Bauten. Bei den Fluten von 1976

40 Hooge, ankommende Sturmflut

41 Hooge, Stimmung über der Westerwarft ▷

42 Hooge, Königspesel, Fliesenbild aus dem Jahre 1766 über dem Bilegger

43 Hooge, Kirchwarft ▷

44 Weißes Tor auf Hooge

45 Hooge, Sommerwolken über der Westerwarft ▷

Kirchwarft

Warften total zerstört worden, alle anderen Warften hatten schwere bis irreparable Schäden; 25 Menschen waren ertrunken, fast alles Vieh umgekommen. Der König, der großzügig Hilfe zusagte, bekam unerwartet selbst einen Eindruck vom harten Halligleben. Als er absegeln wollte, ließen es Wind und Flut nicht mehr zu, der Herrscher mußte sein gekröntes Haupt für eine Nacht auf Hooge betten.

Der König bezahlte auch die Kosten für die Wiedererrichtung der Westwand in der Kirche, die Wand war von der Flut eingedrückt worden. Eine Gedenktafel und das dänische Schiff in der Kirche erinnern an die Spende. Die Kirche von Hooge (das kleinere Gebäude auf der Kirchwarft, das größere ist

›Waltür‹ an der Kanzel der Hooger Kirche

Nordfriesen, die Öfen hatten den Vorteil, von der Küche oder der Diele aus befeuert zu werden, heizten also die Stube, hielten diese aber frei von Schmutz und Asche. Neben dem Ofen ist der Alkoven, dem der Königspesel seinen Namen verdankt, hier schlief nämlich in der Nacht vom 2. Juli 1825 der dänische König Friedrich VI. Das Nachtlager war nicht eingeplant, der Monarch wollte nur die Zerstörungen in Augenschein nehmen, die eine Sturmflut im Februar angerichtet hatte. Damals waren drei

Königspesel

das Pastorat) ist die Nachfolgerin einer Kapelle, die vermutlich im Süden der heutigen Hallig stand und bei der *Mandränke* von 1362 zerstört wurde. Die Hooger wurden damals der Pfarre von Pellworm zugeteilt, sie hatten nur einen schmalen Priel zu übersteigen, um zur Alten Kirche mit dem hohen Turm zu gelangen. Später weitete sich der Priel zum heutigen ›Rummelloch‹ aus, die Hooger erhielten deshalb 1600 wieder einen eigenen Geistlichen, aber noch keine Kirche. Diese entstand erst im Dreißigjährigen Krieg, von 1637 bis 1641. Pastor Robert Hardtke schrieb darüber: »Die Trümmer der damals auf ›Alt-Nordstrand‹ zerstörten Kirchen – von 24 blieben sechs stehen – holten sich die Hooger als Baumaterial für eine eigene Kirche und erwarben schließlich einen Großteil der Kircheneinrichtung der erst 10 Jahre vorher gebauten Kirche von Osterwohld auf ›Alt-Nordstrand‹, deren Gemeinde nicht mehr existierte. So haben wir bis zum heutigen Tag Inventar, das stummer Zeuge einer großen Katastrophe ist.«

Daß immer noch Hochfluten über die Warften und bis in die Kirche hineinschwappen, zeigt die Tafel im Kircheninneren, die Wasserstände von Hochfluten markiert. Neuerdings aber verlaufen die Sturmfluten meist mit geringen Sachschäden, wie die Überflutungen von 1976 und 1981 zeigten. Heute ist es auch kein Problem mehr, im Notfall Hilfe herbeizurufen, Funk und Telefon sei es gedankt. Bald ist es 100 Jahre her, daß Hooge seine erste Verbindung zur Außenwelt erhielt: 1888 wurde ein Telefonkabel vom Festland her verlegt. Vorangegangen war ein kurioses Ereignis, von dem der frühere Insellehrer Günter Schirrmacher berichtete: »Im Jahre 1888 starb am 9. März der Deutsche Kaiser Wilhelm I. Auf der Hallig Hooge, die aber ganz vom Eise eingeschlossen und von der Außenwelt abgeschnitten war, feierte man, wie es damals üblich war, in der Schule noch am 22. März den Geburtstag des Kaisers in dem Glauben, daß dieser noch lebe. Zu Beginn des Frühjahrs wurde dies dann überall auf dem Festland bekannt. So etwas sollte im Deutschen Reich nicht wieder geschehen.«

Taufstein der Hooger Kirche. 1624

Gemeindegestühl der Hooger Kirche. 1624

Die Halligen

Deutschlands merkwürdigste Bahnlinie führt mitten durchs Meer, von Dagebüll zur Hallig Oland und weiter, nochmals durch die Nordsee, zur Nachbarhallig Langeneß. Auf diesem Damm rumpelte auch bis 1970 das originellste Vehikel entlang, das man sich auf Schienen denken kann, eine Segellore, die bei Flaute geschoben werden mußte. ›Kapitän‹ dieses spurgetreuen Seglers war Magda Matthiessen, die solcherart die Hallig mit Lebensmitteln, Post und Feriengästen versorgte. Heute hat diese Aufgaben zwar das Fährschiff übernommen, aber die Halligbewohner tuckern noch mit ihren Loren über die

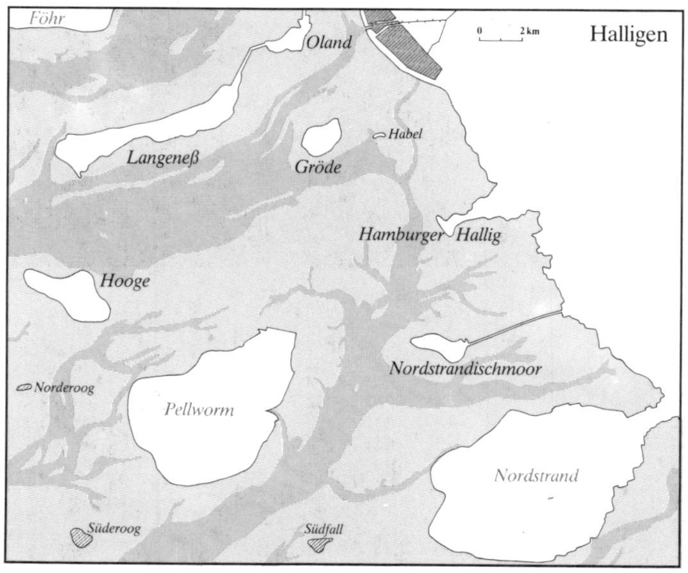

Gleise, jetzt allerdings ohne Segel. Ein Dieselmotor übernimmt den Transport.

Die Fährschiffe von Schlüttsiel legen an der Nordspitze von Langeneß an. Diese mit rund neun Kilometer Länge und gut 920 Hektar Fläche größte aller Halligen bestand im vergangenen Jahrhundert noch aus drei separaten Halligen: Butwehl, Nordmarsch und Langeneß. Sie sind inzwischen zusammengewachsen, der Name Butwehl verschwand, der von Nordmarsch erscheint noch in der Kombination mit Langeneß. Wegen der Länge dieser Hallig verkehrt hier im Sommer ein ›Halligexpress‹, den ein Trekker vom Anleger bei der Rixwarft zur nahen Warft Hilligenley (Schauplatz eines gleichnamigen, um die Jahrhundertwende vielgelesenen Romans von Gustav Frenssen) schleppt; weitere Stationen sind der 1911 erbaute Leuchtturm an der Westspitze, die ›Friesenstube‹ auf der Honkenswarft in der Halligmitte (ein Gegenstück zum Königspesel auf Hooge), schließlich der Gleisdamm am Ostende, wo die Loren nach Oland hinüberfahren.

Oland ist rund 110 Hektar groß; von seinen einst drei Warften wird nur noch eine bewohnt, etwa 40 Menschen leben hier während des ganzen Jahres. In der Saison können die Oländer weitere 40 Gäste in ihren Fremdenbetten unterbringen. Oland ist ohne Autos, sieht man von Landwirtschaftsfahrzeugen ab. Die Hallig, die schon 1231 im »Erdbuch« von König Waldemar II. erwähnt wurde, änderte mehrfach ihre Form, bedingt durch die starken Landabtragungen. Heute ist sie, wie alle größeren Halligen, durch eine Steinkante gesichert. Auf dem kleinen Friedhof ist das Grab des ›Halligdichters‹ Wilhelm Lobsien; der »Halligpastor« und »Land unter« waren seine bekanntesten Romane.

Die Hallig Gröde ist bei Bundestagswahlen immer wieder in aller Munde, da die ›kleinste Gemeinde der Bundesrepublik‹ verständlicherweise immer als erste ihr Wahlergebnis melden kann. Die rund zehn Bewohner sind leicht auszuzählen. Von der Fläche her ist Gröde größer, als der Beiname ›kleinste Gemeinde‹ vermuten ließe, aber die etwa 270 Hektar setzen sich auch aus zwei zusammengewachsenen Halligen zusammen, aus Gröde und Appelland. Die beiden Warften Grödes liegen dicht beieinander, eine dient als Wohn-, die andere als Kirchwarft. Grödes Kirche, es ist die achte in einem jahrundertelangen Ringen mit der See, hat einen Altar von 1592 und eine Kanzel aus derselben Zeit, die Taufe entstand Mitte des 16. Jahrhunderts. An der Nordwand der Kirche erinnert eine volkstümliche Schnitzerei von 1700 an die zuvor verlorengegangenen Kirchen. Kirche und Schule sind auf Gröde unter demselben Reetdach, die ›kleinste Schule Deutschlands‹ hatte zeitweilig nur zwei Schüler; wenn (wie beispielsweise 1981 geschehen) nur ein Schüler übrigbleibt, muß der die Schule auf Langeneß besuchen. Von Langeneß kommt übrigens auch der Pastor einmal monatlich zum Gottesdienst herübergefahren, in der Feriensaison auch öfter.

Im Windschatten von Gröde liegt, dem Festland zugewandt, die kleinste Hallig des Wattenmeeres, das tropfenförmige, nur vier Hektar große Habel. Einst muß das Eiland weitaus größer gewesen sein, das ist alten Karten zu entnehmen; vermutlich hat es früher sogar eine eigene Kirche gehabt, zumindest hat man im Schlick bei der Hallig Spuren eines Fried-

47 Fething auf Langeneß

50–53 Typische Hauseingänge auf Inseln und Halligen

54 Langeneß, Bauer auf Hilligenley ▷

1766

Nordstrand

Zu Fuß nach England? Mit dem Auto, aber ohne Fähre? Nordfriesland bietet beides: Rund 14 Kilometer nördlich von Husum biegt eine Straße rechts ab ins Wattenmeer, aber auf hohem, flutsicherem Damm, der nach vier weiteren Kilometern auf die Deiche der Insel Nordstrand stößt. Und ziemlich genau in der Mitte dieser rundlichen Insel liegt England, eine kleine Siedlung, die sich durch nichts von ihren Nachbarn unterscheidet – Bauernhäuser, schwarzbuntes Vieh auf gesund-grünen Marschweiden, Entwässerungsgräben und Deiche. Wie ein Puzzle sieht Norstrand von oben aus, unregelmäßig

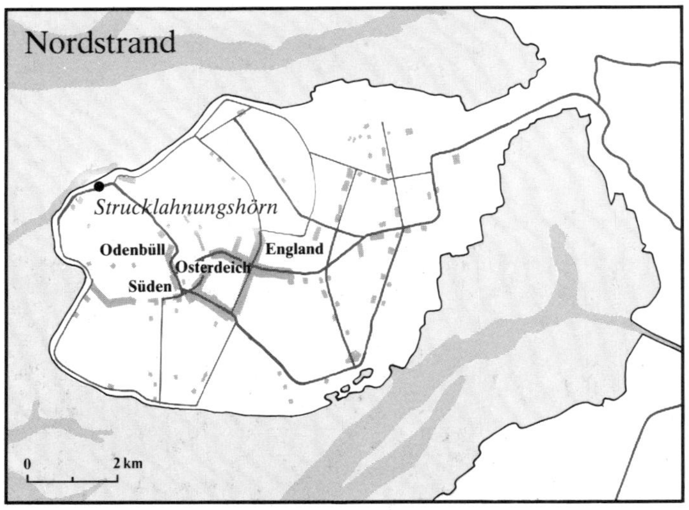

zerteilt von Dämmen, die ein Zeugnis ablegen von der mühsamen Rettung der Insel, nachdem die Sturmflut von 1634 aus der großen Insel Strand die Reste Pellworm, Nordstrand und Halligen gemacht hatte. Koog für Koog mußten die Insulaner damals ihre Heimat zurückgewinnen, immer wieder wurde ein neuer Koogdeich wie ein Brückenkopf in die See hinausgeschoben. Seit 1935 der Damm zum Festland gebaut wurde, scheint diese Furcht gegenstandslos zu werden. Das Land, das sich beiderseits des Dammes sammelt, hat Nordstrand de facto schon zur Landzunge gemacht; mit Eindeichung der Nordstrander Bucht wird endgültig eine Halbinsel daraus.

Nach der Katastrophe von 1634 reichte, wie bereits erwähnt, die Kraft der einheimischen Friesen nicht mehr aus, um das Land wieder zu sichern. Holländer wurden deshalb nach Nordstrand geholt, mit weitgehenden Privilegien lockte man sie damals auf das gefährdete Eiland. Diese Siedler aus den Niederlanden brachten ihren katholischen Glauben mit sich und schufen eine Besonderheit für die Uthlande: Seither bemühen sich auf der nur 49 Quadratkilometer großen Insel gleich drei Religionsgemeinschaften um das Seelenheil der knapp 3000 Insulander, nämlich die angestammten Protestanten, die Katholiken und die Alt-Katholiken, die hier eine ihrer Hochburgen haben und nach einer Spaltung in der katholischen Kirche als Janseniten bekannt wurden. Die Alt-Katholiken feiern ihren Gottesdienst in der Theresienkirche am Osterdeich, die römisch-katholische Gemeinde betet in der 1867 erbauten Katharinenkirche und die Protestanten versammeln sich in der St. Vincenzkirche in Odenbüll. Dieses Gotteshaus ist die bedeutendste Sehenswürdigkeit innerhalb des 28 Kilometer langen Außendeichs von Nordstrand, es ist das einzige, das auf Nordstrand die Zerstörungen von 1634 überstanden hat. St. Vincenz entstand im 13. Jahrhundert, wurde aber mehrfach umgebaut und ›modernisiert‹, daher sieht man der Kirche heute ihr ehrwürdiges Alter kaum noch an. Schaustück im Kircheninneren ist der Schnitzaltar aus dem späten 15. Jahrhundert, dessen zentrale Darstellung eine Kreuzigungsszene ist. Das Kunstwerk gewinnt viel Ausstrahlung durch den Kontrast zum schlichten Altarunterbau aus unverblendeten Ziegelsteinen. Auch die schön geschnitzte Kanzel, eine Stiftung aus dem Jahre 1605, wirkt in der ansonsten schlichten Kirche besonders eindrucksvoll. Ein etwa 1400 geschnitztes Kruzifix und ein achteckiger Taufpokal aus belgischem Marmor sind ebenso beachtenswert wie die alten Grabsteine und -platten.

Alle anderen historischen Schätze dieser einst reichen Insel sind mit den Fluten untergegangen, die Pensionswirte von Nordstrand müssen sich also etwas einfallen lassen, um Gäste auf ihre Insel zu locken und die knapp 340 Urlauberbetten erfolgreich zu vermieten. Von der Landwirtschaft allein läßt es sich heutzutage nur noch schwer leben, auch wenn Nordstrand sichtlich immer noch eine Bauerninsel ist. Deshalb steht auch fast ein Drittel aller Gästebetten auf Bauernhöfen.

Die Nordstrander gönnten sich und ihren Gästen nicht nur ein ›Haus des Kurgasts‹, sondern auch ein Schwimmbad, das 24 Grad warme Fluten und ein 34 Grad heißes Sprudelbad garantiert. Wer sich lieber an ›Pharisäern‹ (Nordstrands Beitrag zur deutschen Küchengeschichte) wärmt, findet auch ein Kaltbad

57 Blick von Langeneß auf Hallig Oland

61 Winterlicher Deich auf Nordstrand

62 Gehöft auf Nordstrand

Amrum

Wer Nebel als sein Urlaubsglück bezeichnet, wird nur an der schleswig-holsteinischen Nordseeküste auf Verständnis stoßen, im Hinterland muß er schon auf einen eingeschworenen Amrum-Urlauber treffen, um Zustimmung zu ernten: Nebel ist das schönste Dorf auf Amrum (wenn man Neubauten am Ortsrand übersieht) und eines der schönsten Friesendörfer an der deutschen Nordseeküste. Das Dorf verdankt seinen ungewöhnlichen Namen übrigens nicht den Nebelschwaden, die sich bisweilen über dem Wattenmeer bilden, sondern dem Ortsnamen Neues Bohl, der später so zusammengezogen wurde. Nebel ist in der Tat ein relativ junger Ort, die ältesten Dörfer auf der Insel sind Norddorf und Süddorf. Zwischen beiden wurde im 13. Jahrhundert die St. Clemens-Kirche gebaut, um den Bewohnern beider Orte einen etwa gleichlangen Weg zum Gottesdienst zu geben.

Allmählich entstand ein neues Dorf um die Kirche und ihren Friedhof herum, aber erst im 17. Jahrhundert bekam der Ortskern sein heutiges anheimelndes Bild, weil nun die reichen Walfang-Commandeure hier ihre stolzen Friesenhäuser errichteten. Im Lauf der Zeit lief Nebel seinen Nachbardörfern auf der Insel den Rang ab, heute ist es, gemeinsam mit seinen Ortsteilen Süddorf und Stenodde die ›Hauptstadt‹ der Insel.

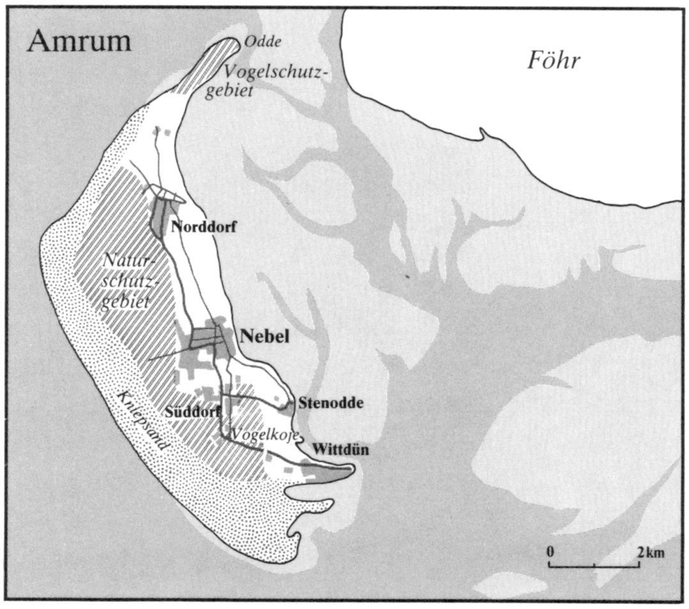

Kirche von Nebel

Dank der spendablen Walfangkapitäne und ihrer einladenden Häuser ist Nebel inzwischen überdies das Zentrum des Fremdenverkehrs auf der rund 20 Quadratkilometer großen Insel (ohne Kniepsand gemessen), auch wenn das die anderen Orte nicht so gerne hören und ihre Rivalitäten sorgsam pflegen. Aber Nebel hat mit seinem alten Ortskern, mit Kirche, Friedhof und den berühmten alten Grabsteinen der Walfänger einige der bekanntesten Sehenswürdigkeiten in seinem Revier. Schließlich fand auch noch das Heimatmuseum von Amrum seine Heimstatt in der Mühle von Nebel. Die über 200 Jahre alte Windmühle, ein reetgedeckter ›Holländer‹, ging noch bis zum Tod des letzten Müllers im Jahre 1964 ihrem angestammten Tagewerk nach. Im Museum konnte die gesamte Inneneinrichtung mit dem Mahlwerk erhalten werden, die Lagerräume wurden für Ausstellungszwecke umgebaut. Dort kann man sich über Flora und Fauna der Insel, über die Schiffahrt und die Geschichte Amrums informieren.

Die Hinwendung zum Fremdenverkehr ist für Nebel eine relativ neue Entwicklung, erst nach dem Zweiten Weltkrieg wurden hier Gästezimmer in großer Zahl eingerichtet; zuvor hatten sich nur Wittdün an der Südspitze und Norddorf um Sommergäste oder Hospizbesucher bemüht. Inzwischen ist der Fremdenverkehr die Haupteinnahmequelle der Insel. Die rund 2500 Einwohner vermieten etwa 9000 Gästebetten, zwei Campingplätze bieten zusätzliche Übernachtungsmöglichkeiten. Dennoch ist Amrum weitaus weniger touristisch geprägt als das benachbarte Sylt, es bietet dafür aber auch nicht solch ein großes Unterhaltungsangebot wie Westerland und Kampen.

Jesus mit den 12 Aposteln, Kirche von Nebel. 1320

Die Landwirtschaft, einst der Hauptverdienst der Amrumer, ist heute fast bedeutungslos, es gibt nur noch drei hauptberufliche Bauern auf der Insel. Diese Entwicklung ist verständlich, wenn man bedenkt, daß Amrum nie ein ideales Bauernland war. Der größte Teil der Fläche wird von unfruchtbaren Dünen eingenommen, der sich ostwärts anschließende Heidegürtel versprach seinen Besitzern auch keine reiche Ernten. Richtig nutzbar war nur der Saum am Wattenmeer mit seinen Marschwiesen, aber diese waren wiederum flutgefährdet. Mittlerweile werden sie von einem Deich geschützt, und auf der Heide ist es gelungen, größere Waldgebiete aufzuforsten, die Amrum inzwischen zur waldreichsten Nordsee-Insel machten. Aber lohnend ist die Landwirtschaft dennoch nur für wenige Bauern.

Daß die Zukunft Amrums im Tourismus liegt, haben die Gründer des Seebads Wittdün vor knapp 100 Jahren schon richtig erkannt, wenn sie ihr neues Bad auch in die Pleite steuerten. Die Norddorfer, die sich unter dem Druck von Pastor Bodelschwingh zu einer gemächlicheren Gangart entschlossen und nicht über Nacht zum Weltbad werden wollten, beweisen heute die Richtigkeit dieser Entscheidung. Jetzt floriert der kleine Urlaubsort, er kann sich sogar ein Kurmittelhaus und ein Meerwasserschwimmbad leisten. In den letzten Jahrzehnten hat auch der Konkurrent Wittdün wieder Anschluß gefunden, auch er offeriert ein Kurmittelhaus und ein Meerwasserschwimmbad. Ob eine kleine Insel wie Amrum (der Bus von Wittdün nach Norddorf braucht trotz zehn Stops nur 15 Minuten) wirklich zwei teure Schwimmbäder braucht, ist eine andere Frage. Amrums Attraktion ist der Kniepsand, eine Sandbank, die sich wie ein riesiger, 10 Quadratkilometer großer Strand vor die Westküste gelegt hat. Soviel Strand hat keine andere deutsche Insel zu bieten. Der bis zu 1,80 Meter hohe Sandrücken schützt über-

Sakramentsschrank, Kirche von Nebel. Anfang 15. Jh.

Kapitänsgrabstein in Nebel

dies die Dünen, durch die Bohlenwege hindurchführen, da die Dünen seit 1971 unter Naturschutz stehen. Etwa die Hälfte Amrums ist mit Dünen bedeckt, die höchste steigt südwestlich von Norddorf auf 32 Meter an. Höchster Aussichtspunkt in den Dünen ist aber keine der Plattformen, die auf den höheren Sandbergen errichtet wurden, sondern der unübersehbare rotweißgestreifte Leuchtturm zwischen Wittdün und Süddorf. Mit 63 Meter Höhe (einschließlich der Sockeldüne) rotiert hier das höchste Signallicht an der deutschen Nordseeküste. Die Optik des Leuchtfeuers wurde vom französischen Ingenieur und Linsenspezialisten Fresnel konstruiert, auf der Weltausstellung in Paris erregte sie 1869 Aufsehen, weil man mit ihr jede Lichtquelle tausendfach verstärken konnte. Für die funzligen Petroleumleuchten, die man seinerzeit verwendete, war das eine gewaltige Verbesserung, deshalb wurde die Optik auch für die gefährlichen Gewässer vor der nordfriesischen Küste angekauft. Am 1. Januar 1875 blinkte der Amrumer Turm erstmals über die See, erst 1936 bekam der Turm seinen Elektro-Anschluß. Der Leuchtturm, der durch ein kleineres Quermarkenfeuer am Westrand von Norddorf ergänzt wird, kann in den Sommerwochen besichtigt werden, Karten sind bei den Kurverwaltungen erhältlich. Im Turm führt eine Wendeltreppe hinauf zum Rundbalkon, eine bessere Aussicht kann man in Nordfriesland nur vom Flugzeug aus genießen.

Zwischen dem Quermarkenfeuer und der nördlichen Vogelkoje (die südliche liegt bei Wittdün) liegen in einem freigewehten Wanderdünental die Fundamentreste eines Cimberndorfes aus dem 1. Jahrhundert, hier wurden auch Findlingssteine von prähistorischen Grabkammern entdeckt. Wissenschaftler nehmen an, daß sich unter den Amrumer Dünen noch zahlreiche weitere vorgeschichtliche Zeugnisse befinden, da Amrum nachweislich seit der jüngeren Steinzeit, also seit vier- bis fünftausend Jahren, besiedelt ist. Entsprechend viele Hügel- und Hünengräber sind auch in den dünenfreien Teilen der Insel, vor allem auf dem Geestrücken, zu erkennen, manche dieser Grabhügel sind gut drei Meter hoch. Das auffälligste, aber zugleich rätselhafteste vorgeschichtliche Zeugnis auf Amrum ist der *Krümmwaal*, ein rund zwei Meter hoher Erdwall, der sich wie ein kleiner Deich von der Nebeler Mühle bis nach Steenodde an der Wattenküste hinzieht. Der bogenförmige Wall aus der Winkingerzeit mag eine Grenzbefestigung gewesen sein, genau weiß man das aber trotz verschiedener Forschungsunternehmen nicht. Einigermaßen sicher sind sich die Archäologen nur in der Feststellung, daß der Krümmwaal, der in etwa schräg zur Inselrichtung läuft, nicht als Seedeich diente.

Schutz vor der See leisten hingegen die Deiche, die im Norden Amrums zwei Täler in der Dünenkette abschotten. Dort, wo auch der Kniepsand schmal wird, könnte bei einer hohen Flut die See die Insel durchbrechen und die *Odde* abtrennen. Odde ist ein altgermanisches Wort für eine schmale Landzunge, der dünne Nordhaken Amrums ist ein typisches Beispiel. Wie der ›Ellenbogen‹, die Nordspitze Sylts, ist auch die Odde ein Vogelschutzgebiet. Mitglieder des Vereins Jordsand führen vor und nach der Brutzeit kleine Gruppen durch das Reservat, das nördlich des Wattenwegs hinüber nach Föhr liegt.

Die Vogelwarte müssen nebenbei auch noch eine lokalpatriotische Pflicht erfüllen. Seit alters her behaupten nämlich die ›neidischen Nachbarn‹ auf Föhr, Amrum sei zwar für einen Tagesausflug ganz nett, aber Quartier solle man doch besser auf ihrer Insel beziehen. Als Beweis führen sie die Vögel an, die angeblich abends Amrum immer den Rücken kehren und zur Nachtruhe nach Föhr hinüberfliegen. Daran war sogar einmal etwas Wahres: Als die Düneninsel einst kaum Bäume hatte, flogen die Vögel abends tatsächlich hinüber nach Föhr, um sichere Ruheplätze in den hohen Bäumen zu finden. Aber nachdem sich die Amrumer fast 300 Hektar Wald herangezüchtet haben und an der Odde seit 1937 auch die Vogelarten mit Bodennestern einen Schutz gefunden haben, bleiben auch die ›flugfähigen Amrumer‹ des Nachts bodenständig.

64 Amrum, Kniepsand ▷

67 Amrum, Häuser mit Blick aufs Wattenmeer in Nebel

◁◁ 65 Amrum, Kniepsand

◁ 66 Amrum, Sanddünen

68–71 Amrum, Häuser in Nebel

72 Kornfelder bei Nebel

73 Windmühle von Nebel

75 Amrum, Morgenstimmung

◁ 74 Amrum, Leuchtturm

76 Amrum, Wattstrukturen am Kniepsand ▷

78 Amrum, Stilleben im Sand

◁ 77 Amrum, Austernfischer am winterlichen Kniepsand